Für meine wunderbaren Kinder und Enkel

Francesca Maugeri Holmström
Louise Malmros Manfrinato

übersetzt von Elena Teuffer

Sizilien VEGETARISCH

Von Zitronen, Tomaten und Pistazien

stiebner

INHALT

VORWORT

Ab und zu landete ein Stückchen Mozzarella auf dem mehlbestäubten Steinfußboden. Manchmal eine sonnengetrocknete Tomate oder ein verirrtes Stückchen Gnocchi. Das Mehl wirbelte wie ein zarter Schleier auf, eine weiß-gräuliche Wolke in der sonnendurchfluteten Küche. Da saß es, ein kleines, sizilianisches Mädchen, das unter dem großen Marmortisch kauerte. Sie atmete die vertrauten sizilianischen Düfte und Stimmungen ein und belauschte die leidenschaftlichen Diskussionen von Mamma, Nonna und Tante über deren große Leidenschaft – das Kochen.

Die Sizilianerin Francesca Maugeri Holmström hat mir erzählt, dass sich in diesem Augenblick, als sie sich vor über 60 Jahren zum ersten Mal unter den Küchentisch geschlichen hat, ihr Leben verändert hat. Ihr wurde in diesem Moment klar, dass Kochen eine Art Magie war, die für immer einen wesentlichen Platz in ihrem Herzen und Leben einnehmen würde. Und genau so kam es.

Skandinavien erschien ihr interessant und verlockend und zu Hause auf Sizilien las Francesca über die gleichberechtigte schwedische Gesellschaft. Aber das Leben kam dazwischen. Sie heiratete und bekam vier Kinder. Als ihr ältester Sohn auf dem Festland studierte, lernte er ein schwedisches Mädchen kennen und zog schrittweise nach Schweden um. Francesca war 48 Jahre alt, als sie endlich zum ersten Mal Schweden und ihren Sohn in Malmö besuchte.

Dort begannen gleich mehrere Liebesgeschichten: Schweden war beinahe alles, was sie sich erhofft hatte. Jedoch war sie der Meinung, dass es an der Speiseeisfront schlecht aussah. Sie selbst war eine ausgebildete Eismacherin, die in eine der bekanntesten Eismacherfamilien von Sizilien hineingeboren worden war. Sie half ihrem Sohn, die Eisdiele Dolce Sicilia im Jahr 2006 zu eröffnen. Das hausgemachte Bio-Eis nach alter sizilianischer Tradition hat die Einwohner von Malmö im Handumdrehen für sich gewonnen.

Ich schrieb einen Artikel über Francescas Reise samt Jugendträumen. Ein schwedischer Mann las ihn, klemmte sich die Zeitung unter den Arm und begab sich zur Eisdiele. Amore auf den ersten Blick. Die Passion für Essen und klassische, italienische Musik führte die beiden schnell zusammen. Und dann heirateten sie. Mittlerweile wohnen zwei von Francescas vier Kindern und ihre Schwester in Malmö. Sie selbst hat einmal versucht, für ein Jahr zurück in ihr Sizilien zu ziehen, aber sah ein, dass sie viel zu skandinavisch geworden war.

Heute gibt es die Eisdiele immer noch, und Francesca gibt vegetarische Kochkurse, die fast immer ausgebucht sind. Sie ist für ihre Vielseitigkeit bekannt und dafür, dass sie die Kunst beherrscht, neuartige vegetarische und vegane Gerichte zu kreieren – sizilianische Kochkunst mit großer Leidenschaft.

Ich selbst habe Francesca zum ersten Mal in meiner Eigenschaft als Journalistin getroffen. Wir wurden Freundinnen und fanden uns über die italienische Sprache und unser gemeinsames Interesse für Essen und Kochen, Yoga und Reisen. Und gerade Sizilien liegt mir nahe, da ich dort in meiner Jugend mit meinen Eltern einige Male Ferien gemacht habe. Als ich später mit meinem heutigen Mann die Insel besuchte, war es für ihn das erste Mal, dass er als Norditaliener südlich von Rom unterwegs war.

Francesca kontaktierte mich und wollte etwas zusammen auf die Beine stellen. Die Zeit war reif für ein Fazit und ein Vermächtnis. Eine Spur hinterlassen, wie sie es nennt. Durch ihre Rezepte und Kocherinnerungen vermittelt sie die Liebesgeschichten, die sie auf Sizilien und in Schweden erlebt hat. Willkommen in Francescas Welt voller magischer vegetarischer Gerichte!

Louise Malmros Manfrinato
Freundin und Mitverfasserin

EINLEITUNG

EINES MORGENS SCHLICHEN sich die ersten Gedanken an dieses Buch beim Yoga in meinen Kopf. Während ich Bauchatmung praktizierte und meinen Körper streckte, wünschte ich mir, dass meine Leidenschaft fürs Kochen und das Wissen, das ich darüber angesammelt habe, einen Sinn und Zweck erhalten sollten.

Ich entstamme einer sizilianischen Familie, in der sehr viel Wert auf Essen, Eis, Musik und Theater gelegt wurde. Mein Großvater väterlicherseits betrieb in meinem Heimatort Acireale die bekannte Eisdiele Costarelli – aber auch Acireales schönes Theater. Die Schauspieler und Opernsänger kamen oft zu uns nach Hause, um nach den Vorstellungen zu essen. Dann wurde Musik gemacht und gefeiert und ich erlernte die Rezepte, aber auch die Lieder. Das Essen bei uns war legendär und meine Großmutter war die beste Köchin. Eine Künstlerin! Die Gastfreundlichkeit und die Liebe zum Essen durchdrangen unser ganzes Haus. Ich selbst war ein Mädchen, das schon früh das Kochen geliebt hat und immer neugierig war auf neue Geschmackserlebnisse.

Meine große Leidenschaft für Essen hatte begonnen, als ich mich als kleines Mädchen unter dem Küchentisch versteckte, um den Geheimnissen der erwachsenen Frauen zu lauschen. Während sie kochten, wurde unablässig über die besten Rezepte, die besten Zutaten, das leckerste Eis gesprochen. Aber auch über das Leben im Großen und Ganzen, über Liebe und Herausforderungen. Nach und nach begann ich, in der Küche zu helfen, und später absolvierte ich eine einjährige Ausbildung zur Speiseeisherstellerin. Viele Jahre sind seitdem vergangen, aber meine Leidenschaft ist nur noch stärker geworden.

2005 zog ich nach Malmö, um den Schweden gemeinsam mit meinem Sohn echtes sizilianisches Eis zu kredenzen. Wir stellten Bio-Eis nach einem alten Familienrezept her. Unsere Eisdiele wurde schnell sehr beliebt. Kurz darauf entschied ich mich, vegan zu leben, und hielt meine ersten Kochkurse ab. Denn ich liebe es, zusammen mit anderen Hobbyköchen vegetarische oder vegane Versionen meiner traditionellen Rezepte auf den Tisch zu zaubern. Und jetzt ist für mich die Zeit gekommen, diese fantastischen Rezepte mit Euch zu teilen!

Buon appetito!
Francesca

FORZ
MO
GIORNALE DI SICILIA
Il Palermo
torna in Serie A
1,00
0,60
14
AR.CA.
Gusto di Sicilia

DAS IST SIZILIEN

SIZILIEN. DIE GRÖSSTE INSEL im Mittelmeer. Unendlich schön und bezaubernd, mit Einwohnern, die nur für den jeweiligen Tag leben. Hier wimmelt es von Genussmenschen, die das Gesetz der Langsamkeit zu ihrem Markenzeichen erkoren haben.

Lachen und lebhafte Diskussionen wechseln sich ab. Worte in sizilianischem Dialekt, die sogar für Festlanditaliener unmöglich zu verstehen sind. Worte, die zwischen den Balkonen der engen Gassen hin- und hergeworfen werden, oder im Außenbereich der Restaurants über einem Teller Pasta alla Norma und einem Glas Nero d'Avola. Knallrote Plastiktische mit geblümten Wachstischdecken im Schatten von Jacaranda- und Mimosenbäumen. Echt, hübsch und gleichzeitig kitschig. Eine Insel der Kontraste, wo man zulässt, dass Essen, Wein und geselliges Zusammensein ständig im Zentrum stehen.

Die Straße von Messina zwischen dem italienischen Festland und Sizilien ist an ihrer schmalsten Stelle nur 3 km breit. Kulturell scheint der Abstand jedoch größer. Hier gibt es noch nicht einmal eine Brücke, obwohl schon seit Jahrzehnten darüber diskutiert wird. Und bis vor Kurzem wurden sizilianische Reisende, wenn sie das Festland per Fähre erreichten, von einem Schild begrüßt: »Willkommen in Italien«.

Die Insel, deren strategisch günstige Lage sowohl dem Handel als auch kriegerischen Auseinandersetzungen zugutekam, wurde im Laufe ihrer Geschichte unzählige Male besetzt. Siziliens Einwohner haben unter der Herrschaft von Wikingern, Griechen und Römern, Normannen, Arabern und Spaniern gelebt. Erst 1861 kam Garibaldi auf die Insel und vereinte Sizilien mit Italien. Die ärmlichen Sizilianer wurden schnell die größte Gruppe, die von Italien nach Nordamerika auswanderte. Parallel dazu wuchs der Einfluss der Mafia auf der Insel an.

Sizilien hat eine so reiche Geschichte, dass man zwischen Eroberern, Ruinen und Mafiageschichten leicht den Überblick verlieren kann. Es ist hingegen einfacher, sich an einzelne Vorkommnisse zu erinnern, die Auswirkungen auf unterschiedlichen Ebenen hatten. Es war nämlich in der hübschen, rosa leuchtenden Stadt Syracus, wo der griechisch-sizilianische Wissenschaftler Archimedes im 3. Jh. v. Chr. in seine Badewanne stieg. Als das Wasser überlief, erkannte er das nach ihm benannte Archimedische Prinzip, rannte nackt durch die Straßen und rief immer wieder: »Heureka! Ich hab's gefunden!« So zumindest erzählt man es sich. In der gleichen Stadt lebte eine Heilige namens Santa Lucia, die am 13. Dezember mit einem Lichterfest gefeiert wird.

Angeblich soll auch das erste Kochbuch der Welt auf Sizilien geschrieben worden sein: »Die Kunst zu kochen« von Mithaecus, einem weiteren griechischstämmigen Sizilianer. Dass es sehr wahrscheinlich das erste war und bereits im 6. Jh. v. Chr. geschrieben wurde, ist bestimmt kein Zufall, denn Sizilien ist eine ungeheuer fruchtbare Insel mit Bewohnern, die seit Menschengedenken ein intensives und leidenschaftliches Interesse am Kochen hatten.

Da die Insel von unterschiedlichen Herrschern und Kolonialisierungsmächten von nah und fern erobert wurde, unterscheidet sich Sizilien auf viele Weisen sehr deutlich vom italienischen Festland, eben auch kulinarisch. Es gibt zwar gemeinsame Nenner mit der italienischen Küche, aber auch viele Einflüsse von außen.

Die Araber beispielsweise brachten Safran und Auberginen, Rosinen, Aprikosen und Muskat mit. In Trapani, einem bezaubernden Ort am westlichsten Zipfel der Insel, findet man die deutlichsten nordafrikanischen Spuren. Hier werden viele Couscousgerichte zubereitet. Die Griechen brachten Pistazien und Oliven von zu Hause mit und die jüdische Bevölkerung soll die Tradition eingeführt haben, gehackten Knoblauch in Olivenöl anzubraten. Der spanische Beitrag bestand aus Kakao und Mais. Zu den ursprünglich sizilianischen Zutaten werden u. a. Kirschtomaten, Mandeln, Kapern und Trauben gezählt.

Das Ergebnis ist eine facettenreiche, spannende Küche. Die fantastische Vielfalt der frischen Zutaten, die im heißen Klima hervorragend wachsen, ließen das Kochen zu einem leichten Vergnügen werden. Die sizilianische Küche steht heute noch für schlichten, vorzüglichen und von Gemüse dominierten Genuss.

Aber nicht nur die vielen Einflüsse von außen trugen zur Entwicklung der Küche bei, sondern auch die Armut. Die Inselaristokraten aßen teuer und raffiniert und die vielen eher ärmlichen Sizilianer versuchten, es ihnen nachzutun. Weil sie es sich nicht anders leisten konnten, ersetzten sie geriebenen Käse durch geröstete Brotkrumen und Fleisch durch Auberginen. Nach dem Motto »Nimm, was du hast« gelang es ihnen mit der Zeit, viele herrliche Gemüsegerichte zu zaubern, wenn das Geld für teurere Produkte nicht reichte. Diese Arme-Leute-Küche, die aus Gemüse und Kräutern aus den eigenen Gärten besteht, macht die sizilianische Küche so speziell – und zu einem Paradies für Vegetarier.

In unserem Buch möchten wir uns auf zehn Zutaten konzentrieren, die auf Sizilien die gebräuchlichsten sind, die aber vor allem während Francescas Kindheit in ihrem Zuhause in der kleinen Stadt Acireale im Nordosten Siziliens geliebt und eifrig verwendet wurden.

KLEINER KULINARISCHER SPRACHFÜHRER

[MIT VEREINFACHTER LAUTSCHRIFT]

Floskeln und Bestellen

Buongiorno [buon'dschorno] = Guten Morgen, guten Tag

Buonasera [buona'sera] = Guten Abend

Il menu per favore [il menn'u perfa'vore] = Die Speisekarte bitte.

Vorrei … [vor'rei] = Ich hätte gerne … (höflicher als [voljo]: ich will haben)

Quanto costa …? ['kwanto 'kosta] = Was kostet …?

Cosa ci/mi raccomandate oggi/stasera? ['koza tschi/mi rakkoman'date oddschi /stasera] = Was können Sie uns/mir heute/heute Abend empfehlen?

Grazie/mille grazie [gratsje/mille 'gratsje] = Danke/vielen Dank

Prego [prego] = Bitte/gern geschehen

Basta cosi, grazie ['basta cosí, 'gratsje] = Das reicht so, danke.

Il conto, per favore [ill konnto perfa'vore] = Die Rechnung bitte.

Kulinarische Begriffe

Al dente [all 'dente] = bissfest; Pasta auf den Punkt mit dem richtigen Kauwiderstand gekocht

Stagionale [stadscho'nale] = saisonal

Soffritto [so'fritto] = Basis für jedes Mittelmeergericht: gehackter Knoblauch, angebraten in Olivenöl oder gehackte Möhre, Sellerie und Zwiebel angebraten in Olivenöl

Condire [kon'dire] = Abschmecken, z.B. einen Salat mit Öl und Essig

Aperitivo [aperi'tivo] traditionell ein leicht alkoholhaltiges Getränk mit Kohlensäure, oft bitter, das vor dem Essen gereicht wird. Ein appetitanregendes Getränk, »um die Geschmacksknospen zu öffnen«

Digestivo [didsches'tivo] Ursprünglich ein bitterer Likör, z. B. Amaro. Heute oft der süßsaure Limoncello oder ein anderes Getränk. Wird nach dem Dessert serviert, um die »Verdauung zu fördern« (digestione = Verdauung)

Menüfolge

Antipasti [anti'pasti] = kalte Kleinigkeiten/kalter Aufschnitt, vor dem Essen

Primo ['primo] = »Erster Gang«; oft Pasta oder Risotto

Secondo [se'kondo] = »Zweiter Gang«; Hauptgericht

Contorni [kon'torni]= Beilagen zum Secondo (man bestellt meistens Kartoffeln, anderes Gemüse oder Salat separat zu seinem Hauptgericht; auf der Karte zu finden unter contorni)

Dessert/dolce [dessert/'doltsche] = Nachtisch

Getränke

Vino rosso/bianco [vino 'rosso/'bjanko] = Rotwein, Weißwein

Vino della casa ['vino della 'kaasa] = Hauswein

Vorrei un bicchiere di vino rosso, per favore [vor'rei um bik'kjäre di 'vino 'rosso 'per fa'vore] = Ich hätte gerne ein Glas Rotwein, bitte

Una birra/grappa per favore [una birra/ grappa 'per fa'vore] = Ein Bier/Grappa, bitte

Aqua frizzante/con gas [akwa friddzante/ kon gass] = Mineralwasser (mit Kohlensäure)

Aqua naturale/senza gas [akwa nattur'ale/'sensa gass] = Stilles Wasser (ohne Kohlensäure)

Cappuccino [kapput'tschino] = Espresso mit aufgeschäumter Milch

Caffé latte [kaf'fe 'latte] = Espresso mit warmer Milch, serviert in einem großen Glas

Caffé macchiato [kaf'fe mak'kjato] = Kaffee mit einem Schuss Milch (macchia = Fleck)

Caffé corretto (kaf'fe ko'retto] = Kaffee mit Grappa oder Cognac (coretto = korrigiert)

Marocchino [marok'kino] = Kaffee mit Milch und ein wenig Kakao

Zutaten und Gewürze

Peperoncino [peperon'tschino] = scharfe, rote Chili

Aglio ['alio] = Knoblauch

Basilico [ba'siliko] = Basilikum

Sale ['sale] = Salz

Pepe ['peppe] = Pfeffer

Olio di oliva, extra vergine ['oljo di o'liva 'äkstra 'verdschine] =Olivenöl, extra nativ

Aceto [atsch'eto] = Essig

Parmigiano [parmi'dschano] = Parmesan

Kaffee

Espresso [espr'esso] = Espresso

Espresso lungo/caffé lungo [espr'esso/ kaf'fe lungo] = mit Wasser gestreckter, »verlängerter« Espresso

Caffé ristretto [kaf'fe ris'tretto] = Espresso mit halber Menge Wasser, daher sehr konzentriert

Espresso doppio [espr'esso doppio] = doppelter Espresso

Nützliche Adjektive

Freddo ['freddo] = kalt

Caldo ['kalldo] = heiß

Tiepido ['tjepido) = lauwarm

Gustoso [gus'tozo] = vorzüglich

Buono/buonissimo [bono/buonissimo] = gut, lecker/sehr gut, sehr lecker

Bello ['bello] = schön

Bene/va bene [bene/va 'bene] = gut/ einverstanden, klappt schon, in Ordnung

Cattivo [kat'tivo] = schlecht, verdorben, schmeckt nicht

Ottimo ['ottimo] = hervorragend

Fantastico [fan'tastiko] = fantastisch

Perfetto [per'fätto] = perfekt

Fresco ['fresko] = frisch

Piccante/forte [pi'kkante/'forte] = stark

Troppo salato ['troppo sa'lato] = zu salzig

Troppo dolce ['troppo 'doltsche] = zu süß

Mehl
Farina

IM HAUS MEINER KINDHEIT auf Sizilien gab es eine sonnendurchflutete Küche, in der ständig geknetet wurde. Nicht nur Teig für verschiedene Brotsorten, sondern auch für Pasta, Pizza und Gnocchi. Der Duft von selbst gebackenem Brot bringt mich umgehend zu meinen Erinnerungen zurück, als ob ich den weichen, herrlich riechenden Laib Brot hier und jetzt in meinen Händen halten würde. Früher war Brot das wichtigste Grundnahrungsmittel. In unserem Haus auf dem Land gab es einen großen, mit Holz befeuerten Steinofen, in dem wir jede Woche backten. Das Mehl wurde mit einer Steinmühle gemahlen und mithilfe eines Hefestamms, der von Familie zu Familie weitergereicht wurde, entstanden runde Brote, die nach langer Gehzeit wie Vollmonde am Nachthimmel aussahen.

Der Duft von frisch gebackenem Brot weckt in mir auch heute noch Gefühle von Wohlbefinden und Sicherheit, aber vor allem Liebe. Das »uralte« Brot, wie ich es nannte, wenn es durchgetrocknet war, wurde während der ganzen Woche verwendet – nicht ein Bröckchen wurde weggeworfen, sondern als Zutat in vielen verschiedenen Gerichten benutzt. Zum Beispiel stellten wir unsere Gnocchi mit trockenem Brot her. Es wurde auch für Brötchen, im Brotsalat, als Paniermehl und Croûtons verwendet. Außerdem haben wir aus altbackenem Brot Kekse gebacken, die in dekorativen Blechdosen aufbewahrt wurden.

Ich war dabei, als meine Mamma zum letzten Mal mit meiner geliebten Großmutter Gnocchi zubereitete. Damals, im Jahr 1989, war ich verheiratet und wohnte in einem Haus am Meer. Für einige heiße Spätsommertage kamen meine Mamma und Nonna zu Besuch. Wir feierten, dass ich mein viertes Kind erwartete, und die beiden hatten sich überlegt, dass sie mir alle meine Lieblingsgerichte kochen wollten. Es gab jede Menge Gnocchi!

Wie ich meine Nonna geliebt habe! Ich liebte es, ihr zuzusehen, wie sie mit der ihr eigenen Sorgfalt kochte. Wie sie jede Zutat zärtlich in die Hand nahm und bearbeitete. Ihr gepflegtes, sorgfältig hochgestecktes graues Haar, ihre kreideweiße, faltenfrei gebügelte Schürze. Meine Großmutter hieß Francesca, genau wie ich, aber wir nannten sie Cilla.

Leider war dies das letzte Mal, dass wir gemeinsam kochten. Bald darauf verließen uns sowohl meine liebe Mamma als auch meine Nonna. Aber in diesen Septembertagen schenkten die beiden mir eine wunderbare Erinnerung, und es war ein Geschenk echter Liebe!

PANE CLASSICO

Klassisches Brot

In diesem Kapitel finden Grundrezepte für die verschiedenen Teigarten Platz, wie wir sie in meiner Kindheit gebacken haben, aber auch ein paar komplette Rezepte für Pizza, Gnocchi und Pasta.

1 Laib

2 g frische Hefe
500 g Weizenmehl
plus mehr zum Arbeiten
1 großzügige Prise Salz

Nach Belieben: Fenchelsamen, getrocknete Tomaten oder Oliven in den fertig gegangenen Teig geben.

1. In einer Schüssel die Hefe in 450 ml lauwarmem Wasser auflösen. Das Mehl nach und nach zugeben, mit einem Holzlöffel umrühren, bis alles gut gemischt ist. Das Salz zugeben und schnell durchrühren. Die Schüssel mit Frischhaltefolie verschließen, ein Geschirrtuch darüberlegen und bei Zimmertemperatur 20–24 Stunden gehen lassen.

2. Den aufgegangenen Teig auf eine bemehlte Arbeitsfläche geben und Mehl zugeben, bis der Teig geschmeidig wird. Eine Weile kneten, bis er weich und kompakt, aber nicht mehr klebrig ist. Den Teig rund auseinanderziehen, dann die Kanten in die Mitte falten, sodass dort eine »Naht« entsteht. Den Teig mit der Naht nach unten drehen und formen. Mit einem Geschirrtuch abdecken und auf der bemehlten Arbeitsfläche mindestens 2 Stunden gehen lassen.

3. Einen gusseisernen Topf mit Deckel in den Ofen stellen und diesen auf 150 °C vorheizen. Den heißen Topf aus dem Ofen nehmen und den Teig mit der Naht nach oben hineingeben. Mit dem Deckel verschließen und mindestens 30 Minuten bei 250 °C backen. Die Temperatur auf 180 °C senken, Deckel abnehmen und weitere 20–30 Minuten backen. Das Brot aus dem Topf heben und abkühlen lassen.

PASTA FRESCA

Frische Pasta

4–6 Portionen

400 g Weizenmehl
4 Eier (1 Ei je 100 g Mehl)
1 EL Olivenöl
1 Prise Salz

Das Mehl auf der Arbeitsfläche aufhäufen. In die Mitte eine Mulde drücken. Eier, Olivenöl und Salz hineingeben und mindestens 10 Minuten kräftig durchkneten. Den Teig auf einem bemehlten Geschirrtuch mindestens 30 Minuten ruhen lassen.

Wenn ein Satz Teig gefärbt werden soll, kann man dazu verschiedene Gemüsesorten und Gewürze benutzen:

GRÜN: 100 g Spinat, gekocht und ausgedrückt
ROT: 80 g Rote Bete, dampfgegart und püriert
GELB: 1 EL Kurkuma oder 1 gehäufte Msp. Safran
ORANGE: 2 EL Tomatenmark

GNOCCHI DI PATATE

Kartoffelgnocchi

Gnocchi ['njocki] gehören zur gewöhnlichen, aber dennoch äußert geschätzten Hausmannskost und werden auf ganz Sizilien fleißig hergestellt. Man findet sie von einfachsten Versionen, nur geschwenkt in Olivenöl, Butter, frisch gemahlenem Pfeffer und mit reichlich Parmesan bestreut, bis hin zu Gnocchi mit verschiedenen raffinierten Saucen oder Pestosorten, etwa Tomatensauce oder Pistazienpesto.

4–6 Portionen

1 kg festkochende Kartoffeln
2 TL Salz
300 g Weizenmehl
1 Ei

Nach Belieben: Dem fertigen Teig 1 Msp. Muskat und 2 EL geriebenen Parmesan zufügen.

1. Die Kartoffeln waschen, nicht schälen. In einem Topf mit Salzwasser kochen. Dann die Kartoffeln schälen, solange sie noch heiß sind, und auf die bemehlte Arbeitsfläche geben.

2. Salz, evtl. Muskat und Parmesan darüberstreuen und das Mehl zufügen. Zu einen Teig kneten. Das Ei zufügen und weiter kneten, bis sich der Teig weich und kompakt anfühlt.

3. Den Teig in handliche Stücke teilen und sie zu langen »Schlangen« rollen. Diese in ca. 3 cm lange Stückchen schneiden. Jedes Stückchen mit einer Gabel andrücken, damit es die typische Gnocchiform erhält. 15 Minuten auf einem bemehlten Geschirrtuch ruhen lassen.

4. In Salzwasser kochen, bis sie an der Oberfläche schwimmen. Vorsichtig herausheben, abtropfen lassen.

GNOCCHI CON PESTO DI RUCOLA

Gnocchi mit Rucolapesto

4–6 Portionen

Kartoffelgnocchi (S. 30)

FÜR DAS RUCOLAPESTO
ca. 100 g Rucola
60 g Haselnüsse
50 g geriebener Parmesan
50 g geriebener Pecorino
1 Knoblauchzehe
Olivenöl

1. Den Gnocchiteig herstellen.

2. Alle Zutaten für das Rucolapesto in einen Mixer geben und Öl zufügen, bis die gewünschte Konsistenz erreicht ist.

3. Sauce unter die frisch gekochten Gnocchi ziehen. Wenn das Pesto zu trocken wird, ein wenig des Gnocchi-Kochwassers zufügen.

GNOCCHI DI PISTACCHIO

Pistaziengnocchi

4–6 Portionen

Kartoffelgnocchi (S. 30)
50 g Pistazien
1 Stängel Petersilie
1 Knoblauchzehe
Salz

Nach Belieben: Olivenöl, geriebenen Parmesan und gehackte Pistazien vor dem Servieren darübergeben.

1. Den Gnocchiteig herstellen.

2. Pistazien, Petersilie, Knoblauchzehe und etwas Salz fein mixen und unter den Teig kneten. Gnocchi formen und ruhen lassen (S. 30), aber wegen der Pistazienstückchen nicht mit der Gabel eindrücken.

3. Die gekochten und abgetropften Gocchi mit ein wenig Olivenöl, viel geriebenem Parmesan und ein wenig gehackten Pistazien servieren.

FOCACCIA DI POMODORI

Tomatenfocaccia

4 Portionen

1 Kartoffel
25 g frische Hefe
500 g Weizenmehl
1 EL Zucker
12 Kirschtomaten
Olivenöl
Oregano
Salz

1. Die Kartoffel schälen und in Stücke schneiden. In Salzwasser kochen. Die Kartoffelstücke herausheben und das Kochwasser aufheben. Die Kartoffeln pressen oder zerstampfen.

2. In einer Schüssel die Hefe in 200 ml lauwarmem Wasser auflösen. Das Mehl in eine Rührschüssel geben, 2 EL Olivenöl, 2 TL Salz und das Hefewasser zufügen. Dann Zucker, ca. 50 ml des Kartoffelwassers und den Kartoffelbrei dazugeben. Alles gut verkneten. Den Teig 4 Stunden unter einem Geschirrtuch gehen lassen.

3. Den Ofen auf 250 °C heizen. Ein wenig Öl in eine runde Backform geben. Den Teig darin gleichmäßig ausbreiten. Die halbierten Tomaten darauf verteilen. Mit Salz und Oregano bestreuen und 30–35 Minuten im Ofen backen.

0 - 24

SFINCIUNI

Sizilianische Pizza

Irgendwo zwischen Pizza und Focaccia: Sfinciuni ist eine typisch sizilianische Pizza mit einem weichen, leckeren Teig.

1 Pizza

TEIG
500 g Weizenmehl
25 g frische Hefe
Salz

SAUCE
3 Zwiebeln
600 g geschälte Tomaten aus der Dose
2 Knoblauchzehen
100 g geriebener Pecorino
frischer Oregano, gehackt
Olivenöl
Salz nach Geschmack

1. Das Mehl auf die Arbeitsfläche häufen. Eine Mulde in die Mitte drücken. Die Hefe in 250 ml lauwarmem Wasser auflösen und vorsichtig in die Mulde gießen. Ein wenig Salz zufügen.

2. Den Teig kneten. Nach Bedarf Wasser zugeben, bis er kompakt und elastisch ist. Zu einer Kugel formen. Mit einem Geschirrtuch abdecken. Mindestens 2 Stunden gehen lassen.

3. Die Zwiebeln schälen und in dünne Ringe schneiden. Vorsichtig in Olivenöl anbraten, sie dürfen nicht dunkel werden.

4. Tomaten und Knoblauch fein hacken und mit dem Saft aus der Dose zur Zwiebel in die Pfanne geben. Ein wenig Salz zufügen. Zu einer dicken Sauce einkochen lassen und den Großteil des geriebenen Käses zufügen.

5. Den Teig in eine eingeölte, runde Backform legen und in Form ziehen. Die Sauce daraufgeben. Oregano und den übrigen Pecorino darüberstreuen. Zum Schluss ein paar Tropfen Olivenöl kreisförmig aufträufeln.

6. Bei 250 °C für 20 Minuten backen. In Stücke schneiden und heiß servieren.

b_fold

PIZZA CLASSICA

1 Pizza

1 Pizzateig (S. 36)

BELAG
1 Dose geschälte Tomaten
Oregano
2 Mozzarella-Kugeln
frisches Basilikum
Olivenöl

1. Den Pizzateig nach Rezept herstellen.

2. Den bereits fertig gegangenen Teig ausrollen und in eine mit Olivenöl eingefettete, runde Form geben. Die Kanten sollen ein bisschen dicker und höher sein.

3. Die Tomaten hacken und auf dem Teig verteilen. Olivenöl und Oregano daraufgeben. Bei 250 °C 15 Minuten backen.

4. Die Form herausnehmen und den in Stückchen geschnittenen Mozzarella darauf verteilen. Weitere 5 Minuten backen. Zum Schluss mit Basilikumblättern verzieren.

LASAGNE AI FUNGHI PORCINI

Steinpilzlasagne

4–6 Portionen

BÉCHAMELSAUCE
1 l Milch
100 g Butter
100 g Weizenmehl
ein wenig Muskat
Salz und Pfeffer

TIPP: Gehackte Haselnüsse in die Béchamelsauce geben.

50 g getrocknete Steinpilze
1 großes Bund Petersilie
2 Knoblauchzehen
300 g frische Pilze
500 g frische Lasagneplatten (alternativ getrocknete)
Olivenöl
Parmesan, gerieben

BÉCHAMELSAUCE

1. Die Milch langsam erhitzen. Währenddessen die Butter in einem anderen Topf schmelzen. Das Mehl zufügen, dabei kräftig umrühren. Die heiße Milch zufügen und die Sauce aufkochen lassen. Mit Muskat, Salz und Pfeffer abschmecken.

LASAGNE

2. Die getrockneten Pilze in eine Schale geben und mindestens 15 Minuten in warmem Wasser einweichen lassen.

3. Petersilie und Knoblauch fein hacken und die Hälfte in Olivenöl einer Pfanne anbraten. Die eingeweichten Pilze (ohne Wasser!) zugeben. Umrühren und die Pfanne ordentlich erhitzen. Eine große Tasse Béchamelsauce abnehmen und zur Seite stellen, dann die Mischung aus der Pfanne in die im Topf verbliebene Sauce geben. Die frischen Pilze mit dem Rest von Petersilie und Knoblauch braten.

4. In eine Auflaufform abwechselnd Pastaplatten, Béchamelsauce mit getrockneten Pilzen und die angebratenen frischen Pilze schichten. Mit einer Lage Lasagneplatten enden. Zum Schluss die beiseitegestellte Béchamelsauce darübergießen. Reichlich mit Parmesan bestreuen. Im Ofen ca. 20 Minuten bei 200 °C backen.

PASTA CON PISELLI E »OVU RUTTU ALL'ACQUA«

Pasta mit Erbsen und pochierten Eiern

4 Portionen

1 Zwiebel
500 g frische oder gefrorene Erbsen
300 g Minipasta
4 Eier (wichtig: ganz frisch!)
geriebener Pecorino
Pfefferminze
Olivenöl
Salz, Pfeffer

1. Die Zwiebel in Scheiben schneiden und in einem Topf mit Öl braun braten. Die Erbsen hinzufügen und umrühren. 400 ml Wasser angießen und aufkochen. Die Pasta zufügen und nach Packungsangabe kochen.

2. Währenddessen Wasser mit einer Prise Salz in einen großen Topf geben und zum Kochen bringen. Die Eier aufschlagen: Jeweils ein Ei in eine kleine Schüssel geben und vorsichtig in das kochende Wasser gleiten lassen, 3 Minuten kochen. Das Ei mit einem Schaumlöffel herausheben. Das Eigelb soll noch sehr flüssig sein.

3. Wenn die Erbsenpasta fertig ist, auf vier Tellern anrichten und je ein Ei vorsichtig auflegen. Mit einem Schuss Öl und nach Geschmack mit ein wenig Pecorino und Minze garnieren und mit frischem Pfeffer bestreuen.

COTOLETTE DI FUNGHI

Pilzschnitzel

6 Portionen

12 große Austernpilze
100 g Paniermehl
50 g geriebener Parmesan (oder Pecorino)
1 Bund Petersilie, fein gehackt
2 Knoblauchzehen, fein gehackt
3 verquirlte Eier
Öl zum Frittieren
Salz, Pfeffer
Zitronensaft (nach Belieben)
Mandelblättchen (nach Belieben)

1. Die Pilze putzen und mit Küchenpapier trocken tupfen.

2. Das Paniermehl mit Parmesan, Petersilie, Knoblauch, Salz und Pfeffer mischen.

3. Die Pilze zuerst ins Ei eintauchen und dann im Paniermehl wenden. In einer Bratpfanne in Öl frittieren. Die Pilze sind fertig, wenn sie auf beiden Seiten goldgelb sind.

4. Auf Küchenpapier abtropfen lassen. Zum Servieren nach Belieben mit Zitronensaft beträufeln und dazu gehobelte Mandeln reichen.

Zitrus-
früchte
Agrumi

UNSER HAUS AUF DEM LAND stand mitten in einem Zitronenhain. Als ich klein war, war es meine Aufgabe, jeden Morgen einen Korb voll Zitronen zu pflücken und ihn in die Küche zu bringen. Hier wurden Zitronensaft und -schalen zum Abschmecken der Gerichte benutzt, die wir an diesem Tag zubereiten wollten. Meine Mamma hat immer gesagt, dass ein Gericht ohne ein paar Tropfen Zitronensaft oder geriebene Schale nicht komplett wäre. Ich bin der gleichen Meinung.

Denn ich liebe Zitronen. Ein Geschenk der Natur, das einzigartige Geschmackserlebnisse und Sinneseindrücke beschert. Der säuerliche und durchdringende Geruch verursacht bei mir Heimweh. Die Farbtöne der Zitronen, von sonnengelb bis ocker, sind pure Schönheit.

Zitronendesserts, -marmeladen und -gelees. Spaghetti, gekocht in einer Mischung aus Wasser und Zitrone. Blanchierte Zitronenschalen, zum Trocknen ausgelegt, um dann in ein Bitterschokoladenbad gesenkt zu werden. »Il canarino«, ein Kräutertee mit Zitronenschale und Lorbeer, für die Verdauung. Marinaden für Gemüse aus Olivenöl und Zitrone. Und das sind nur einige Beispiele für die unendlichen Anwendungsmöglichkeiten der Frucht.

CROSTATA DI LIMONE

Zitronenkuchen

BODEN
250 g Weizenmehl
1 TL Vanillezucker
120 g zimmerwarme Butter
70 g Puderzucker
1 Eigelb
abgeriebene Schale von ½ Zitrone

FÜLLUNG
120 g Mandeln
2 kleine Zitronen
5 EL Sahne
150 g Zucker

BODEN

1. Das Mehl auf die Arbeitsfläche häufen. Vanillezucker, Butter in Stückchen, Puderzucker, Eigelb und geriebene Zitronenschale zufügen. Alles schnell mit den Fingerspitzen vermischen, ohne den Teig zu sehr zu bearbeiten.

2. Den Teig in Plastikfolie einwickeln und für eine halbe Stunde in den Kühlschrank legen. Wieder herausnehmen und auswickeln, in eine ca. 22 cm große Form legen und den Boden damit auskleiden.

3. Mit einer Gabel Löcher in den Teig stechen.

FÜLLUNG

4. Die Mandeln schälen und hacken. Die Schale der Zitronen abreiben und ihren Saft auspressen. Alles mit Sahne und Zucker mischen.

5. Die Füllung gleichmäßig auf dem Teig verteilen. Im Ofen bei 180 °C für ca. 30 Minuten backen.

Zitronen und Orangen werden kräftig gespritzt. Ich rate immer dazu, Bioware zu kaufen.

PENNE CON LIMONE E NOCI

Penne mit Zitrone und Walnüssen

4 Portionen

2 Zitronen
1 Stängel Petersilie
400 g Penne
30 g Walnüsse
1 rote Chilischote
Olivenöl
Parmesan, gerieben
Salz nach Geschmack

1. Mit einem scharfen Messer vorsichtig die Schale der Zitronen abschneiden. Darauf achten, nur die Schale zu entfernen, nicht den weißen Teil, denn er ist bitter. Petersilie und Zitronenschale fein hacken.

2. Die Pasta in reichlich Salzwasser al dente kochen.

3. Währenddessen die Walnüsse fein hacken und die Chili in feine Streifen schneiden. Mit 2–3 EL Olivenöl, Zitronenschale und -saft und evtl. mit ein bisschen Pastawasser in einer Schüssel mischen.

4. Über die Pasta geben und unterziehen. Das Gericht mit ein wenig Parmesan abrunden.

PASTA-OMELETT

Wenn mehr Pasta gekocht wurde als für ein Rezept gebraucht wird, die Reste nicht wegwerfen! Zwei Eier wie für ein Omelett verrühren, eine Prise Salz und einige EL Parmesan zufügen und mit der restlichen Pasta vermischen. Das Pastaomelett in heißem Öl auf beiden Seiten braten.

LINGUINE AL PESTO DI PALAZZO MODO

Zitrus-Nuss-Pasta

4 Portionen

400 g Linguine

PESTO
50 g sonnengetrocknete Tomaten
50 g Pinienkerne
50 g geschälte Mandeln
50 g Pistazien
2 Knoblauchzehen
einige Stängel Minze
einige Stängel Basilikum
100 ml Olivenöl
1 Orange
1 Zitrone
Salz
evtl. Pecorino, gerieben

1. Die Pasta in reichlich Salzwasser kochen. Ein Teil des Pastawassers aufheben.

PESTO

2. Getrocknete Tomaten, Pinienkerne, Mandeln, Pistazien, Knoblauch, Minze, Basilikum und Öl in einen Mixer geben und fein hacken.

3. Orangen- und Zitronenschale abreiben und zusammen mit ein wenig Saft ebenfalls in den Mixer geben. Um die gewünschte Konsistenz zu erhalten, ein wenig Pastawasser zugeben. Mit Salz abschmecken.

4. Das Pesto unter die Pasta mischen, gut umrühren. Nach Geschmack mit ein wenig Pecorino bestreuen.

CROSTATA DI CIOCCOLATO AL PEPERONCINO

Schokokuchen mit Chili und Zitrone

BODEN
250 g Weizenmehl
1 TL Vanillezucker
120 g zimmerwarme Butter
70 g Puderzucker
1 Eigelb
abgeriebene Schale von ½ Zitrone
1 EL Kakao

FÜLLUNG
½ l Milch
4 Eigelbe
100 g Zucker
30 g Weizenmehl
½ TL Vanillezucker
160 g Kuvertüre
1 Prise Chilipulver
200 ml Sahne

rote Chilischoten zum Verzieren

BODEN

1. Den Teig für den Boden wie auf S. 49 beschrieben zubereiten. Am Schluss noch den Kakao zufügen und schnell einarbeiten.

2. Den Teig in Plastikfolie einwickeln und für eine halbe Stunde in den Kühlschrank legen. Wieder herausnehmen und auswickeln, in eine ca. 22 cm große Form legen und den Boden damit auskleiden.

3. Mit einer Gabel Löcher in den Teig stechen. Im Ofen bei 180 °C ca. 20 Minuten backen.

FÜLLUNG

4. Die Milch aufkochen. In einem kleinen Topf Eigelbe und Zucker verrühren. Mehl und Vanillezucker zufügen. Die Eiermasse langsam in einem feinen Strahl mit einem Schneebesen in die heiße Milch einrühren.

5. Die Creme bei schwacher Wärme unter ständigem Umrühren für ca. 6 Minuten kochen. Den Topf von der Platte nehmen.

6. Die Schokolade schmelzen und unterrühren, ebenso das Chilipulver. Die Creme abkühlen lassen, ab und zu umrühren, währenddessen die Sahne schlagen und vorsichtig unterheben.

7. Die Creme auf den erkalteten Kuchenboden geben. Mit Chilischoten dekorieren.

BUDINO DI LIMONE E MANDORLA

Mandel-Zitronen-Pudding

4–5 Portionen

3 Zitronen
1 Eiweiß
100 g Zucker
50 g geschälte Mandeln
3 EL Maisstärke
600 ml Mandelmilch (fertig gekauft oder nach Rezept S. 130)
Minzeblätter

1. Die Zitronen mit einer Bürste gut reinigen. Die Schale von 1 Zitrone in Streifen abhobeln. Die Schalenstreifen in kochendem Wasser 1 Minute blanchieren. Abtropfen lassen, ins Eiweiß tauchen und in Zucker wenden. Zur Seite stellen und trocknen lassen.

2. Die Mandeln in einen Mixer geben und fein zermahlen.

3. Die Schale der anderen beiden Zitronen abreiben und mit dem übrigen Zucker, Mandelmehl und Maisstärke in einen kleinen Topf geben. Die Mandelmilch nach und nach unterrühren und unter ständigem Rühren mit einem Schneebesen aufkochen lassen. Die Mischung in Puddingformen füllen und für mindestens 3 Stunden in den Kühlschrank stellen.

4. Zum Servieren die Puddingportionen stürzen und mit Minzeblättern und gezuckerten Zitronenschalen anrichten.

GESUNDHEIT & NACHHALTIGKEIT

SIZILIEN IST FÜR MICH der schönste Flecken Erde auf dieser Welt, und die Landschaft wirkt wie aus einem Märchen. Aber erst in Schweden habe ich gelernt, Tiere und die Natur wirklich zu respektieren. Nachhaltigkeit und Gesundheit wurden hier zu bedeutsamen Fragen in meinem Leben.

Seit ich nach Schweden gezogen bin, lebe ich vegan. Ein einschneidendes Erlebnis auf dem Land in Südschweden gab den Ausschlag dafür, dass ich mir selbst versprach, nie wieder Fleisch zu essen: Ich hatte das Privileg, bei der Geburt eines Kälbchens dabei zu sein! Die überbordende Liebe, die die Mutterkuh ihrem Kälbchen zeigte, als sie es trocken leckte, hat mich tief berührt. Zur selben Zeit begann für mich ein Lebensabschnitt mit hormonellen Veränderungen, die meine Gesundheit negativ beeinflussten. Durch die Veränderung meiner Essgewohnheiten mit Rücksicht auf Natur, Tiere und Menschen und durch das regelmäßige Praktizieren von Yoga hat sich meine Gesundheit auf allen Ebenen deutlich verbessert.

Alle Rezepte in diesem Buch sind vegetarisch, aber lassen sich selbstverständlich auch leicht zu veganen Gerichten umwandeln. Die Käsesorten kann man durch vegane Sorten ersetzen, etwa Hefeflocken statt geriebenem Parmesan; Milch kann man gegen pflanzliche Produkte tauschen. Eier lassen sich durch Leinsamen oder Chiasamen gemischt mit Wasser ersetzen (1 EL Samen + 3 EL Wasser = 1 Ei).

Alles, was wir unserem Körper zuführen, soll jede einzelne der vielen Millionen Zellen mit Nährstoffen versorgen. Unser Körper ist unser Tempel. Ich halte es für absolut notwendig, qualitativ hohe Lebensmittel zu verwenden. Frische, gesunde, nährstoffreiche und biologisch angebaute Zutaten geben uns Energie und steigern unsere Liebe zum Leben. Damit schonen wir unsere Erde, stärken uns selbst und unsere Familien. Und Nachhaltigkeit im Kleinen kann auch etwas bewirken. Ich hebe zum Beispiel alle Schalen und Blätter auf, hacke und friere sie ein. Dann koche ich alles, filtere die Flüssigkeit und erhalte eine gute, echte Bouillon.

Pomodori
Tomaten

TOMATEN PFLÜCKTEN WIR während des Sommers in der Abenddämmerung. Für uns Kinder war es ein Fest! Schon am Morgen sehnten wir uns danach, dass die glühende Hitze der Sonne nachlassen und der abendlichen Kühle weichen würde. Die Tomaten legten wir in Körbe, die die Bauern von Hand geflochten hatten. Ich habe es geliebt, die Tomaten direkt vom Zweig zu pflücken und mit einem großen Bissen hineinzubeißen, als wäre es ein Apfel; saftig, feuerrot und so süß! Nonna Cilla sortierte die schönsten aus und schnitt sie in Hälften. Sie platzierte die Stücke auf großen Holztabletts, und abgedeckt mit einem dünnen weißen Musselintuch durften sie in der Sonne trocknen. Eingelegt in unser eigenes Olivenöl, wurden die sonnengetrockneten Tomaten in großen Vorratsgläsern verwahrt und in der Vorratskammer bewacht. Zum Schluss wurden sie in riesigen Kesseln zu Tomatensauce gekocht, die den ganzen Winter über verwendet wurde.

SALSA DI POMODORI CASA MIA

Francescas Familienrezept für Tomatensauce

Das Rezept für diese Tomatensauce wird schon seit Generationen verwendet. So haben schon meine Uroma, Nonna, Mamma und ich sie gekocht. Früher haben wir eine Gemüsemühle benutzt; in diesem moderneren Rezept braucht man einen Stabmixer oder einen gewöhnlichen Mixer.

4–6 Portionen

1 kg reife Tomaten
2 Knoblauchzehen
1 großes Bund Basilikum
1 TL Zucker
Olivenöl
Salz nach Geschmack

1. Die Tomaten gut waschen, in Stücke schneiden und mit Knoblauch, einem Stängel Basilikum und ein wenig Salz in einen Topf geben.

2. Den Topf mit einem Deckel verschließen und bei schwacher Wärme mindestens 30 Minuten kochen, ab und zu umrühren. Wenn die Tomaten gar sind, für 1 Stunde ruhen lassen. Danach in eine Schüssel geben und mit einem Stabmixer pürieren.

3. Die Tomatensauce wieder in den Topf geben. Die restlichen Blätter Basilikum, Zucker und, nach Bedarf, mehr Salz zufügen. Bei schwacher Wärme mindestens 20 Minuten kochen. Zum Schluss eine großzügige Menge Olivenöl dazugeben und umrühren.

Du kannst die Tomatensauce für einige Tage im Kühlschrank aufbewahren, aber wenn du sie in sterilisierte Einmachgläser abfüllst, hält sie bis zu einem Jahr.

INSALATA DI POMODORINI E POMODORI SECCHI

Salat mit Kirschtomaten und sonnengetrockneten Tomaten

4 Portionen

250 g Kirschtomaten
1 Stängel Basilikum
60 g sonnengetrocknete Tomaten in Öl
3 große Scheiben altbackenes Brot
2 EL gesalzene Kapern
1 Handvoll grüne Oliven
1 Knoblauchzehe, gepresst
rote Chili, gehackt
Olivenöl

1. Kirschtomaten und Basilikum waschen und trocknen. Kirschtomaten und sonnengetrocknete Tomaten in der Mitte durchschneiden.

2. Das trockene Brot mit ein wenig Wasser anfeuchten und in Stücke schneiden. Die Kapern gut abspülen.

3. Brot und beide Tomatensorten in eine Salatschüssel geben und Basilikum, Kapern, Oliven und Knoblauch zufügen. Gut durchmischen, mit Chili und Öl abschmecken und servieren.

Meistens ist es völlig unnötig, Lebensmittel wegzuwerfen. Zum Beispiel kann man trockenes Brot für viele verschiedene Gerichte verwenden.

POMODORI RIPIENI

Gefüllte Tomaten

6 Portionen

6 große Tomaten
4–5 EL Paniermehl
1 Stängel Basilikum
1 Stängel frischer Oregano
1 kleine Handvoll Kapern
in Salzlake
100 g Pecorino
1 Knoblauchzehe
1 Mozzarella
Olivenöl
Salz
evtl. Basilikum als Dekoration

1. Die Tomaten gründlich waschen, mit einem scharfen Messer die Oberseite mit dem Stielansatz als Deckel abschneiden und zur Seite legen.

2. Die Tomaten vorsichtig aushöhlen und den Inhalt in eine Schüssel geben. Paniermehl (oder kleine Stückchen trockenes Brot), eine ordentliche Prise Salz, gehackten Basilikum und Oregano, gewaschene Kapern, geriebenen Pecorino und fein gehackten Knoblauch ebenfalls in die Schüssel geben. Gut vermischen und einige Minuten ruhen lassen.

3. Die ausgehöhlten Tomaten mit der Mischung füllen und zum Schluss ein Stück Mozzarella darauflegen. Die »Deckel«, die zu Beginn abgeschnitten wurden, auf die Tomaten legen. Tomaten in eine gut gefettete Auflaufform legen, einen Schuss Öl auf jeden Deckel geben, in den Ofen schieben und bei 180 °C für 30 Minuten backen.

POLPETTE DI PANE

Sizilianische Brotbällchen

4 Portionen

500 g altbackenes Brot
ohne Rinde
1 Schuss Milch
1 Ei
100 g Parmesan oder Pecorino
1 großes Bund Petersilie
2 große Knoblauchzehen
100 g Fontina-Käse, in
Stückchen, oder anderer
Schnittkäse nach Wahl
500 ml passierte Tomaten
einige Stängel Basilikum
Olivenöl
Salz und Pfeffer
nach Geschmack

1. Das Brot in kleine Stückchen schneiden und so viel Milch darübergeben, dass es weich wird. Mit den Händen schnell durchkneten.

2. Ei, geriebenen Parmesan oder Pecorino, gehackte Petersilie, eine gehackte Knoblauchzehe, Salz und Pfeffer zufügen und alles zu einem Teig kneten.

3. Aus der Brotmischung Bällchen mit einem Stück Fontina in der Mitte formen.

4. Die andere Knoblauchzehe fein hacken und in 3 EL Olivenöl in einer großen Pfanne anbraten. Die passierten Tomaten, Basilikumblätter, Salz und Pfeffer zugeben und 10 Minuten sieden lassen. Dann die Brotklößchen in die Tomaten legen und ca. weitere 30 Minuten sieden lassen.

INSALATA EOLIANA

Salat von den Liparischen Inseln

4–6 Portionen

4 große Tomaten (gerne in verschiedenen Farben)
2 rote Zwiebeln
1 Handvoll grüne Oliven
2 EL Kapern
2 Stängel Basilikum
Oregano
Olivenöl
Weißweinessig
Salz und Pfeffer nach Geschmack

1. Tomaten der Länge nach in Stücke schneiden, Zwiebeln in dünne Scheiben schneiden und in eine große Schüssel geben.

2. Oliven, Kapern und Basilikumblätter untermischen.

3. Mit Oregano würzen und mit Olivenöl, ein wenig Weißweinessig, Salz und Pfeffer abschmecken.

INSALATA DI CIPOLLE ROSSE

Salat aus roten Zwiebeln und Tomaten

4–6 Portionen

3 große rote Zwiebeln
1 Handvoll Kirschtomaten
1 Stange Staudensellerie
1 Stängel Oregano
1 großer Stängel Basilikum
Olivenöl
Salz und Pfeffer nach Geschmack

1. Die roten Zwiebeln in feine Streifen schneiden und für eine halbe Stunde in eine Schale mit Salzwasser legen. Zwiebeln herausheben und abtrocknen.

2. Die Tomaten in Scheiben schneiden (oder ganz lassen, je nach Größe) und Sellerie in kleine Stückchen schneiden, dabei die inneren, milderen Stängel verwenden.

3. Die gut ausgedrückten roten Zwiebeln und Oregano und Basilikum zufügen, mit Olivenöl, Salz und Pfeffer abschmecken.

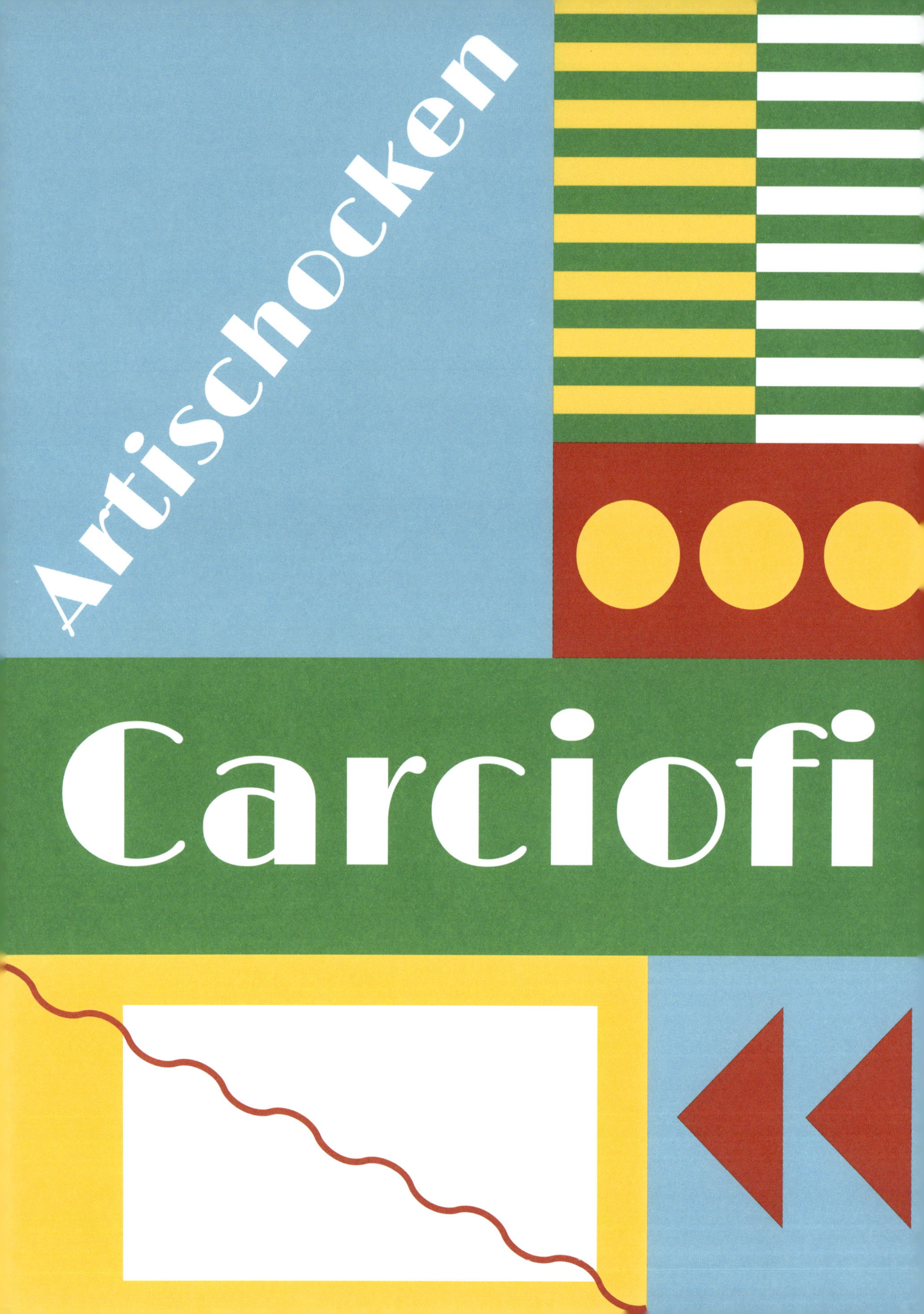
Artischocken
Carciofi

DIE ARTISCHOCKE IST eine meiner Lieblingsgemüsesorten, egal, ob roh oder gekocht. Viele meiner Erinnerungen, die dieses schöne, stachelige Gemüse betreffen, führen mich wieder einmal an den großen Küchentisch im Haus meiner Kindheit.

In meiner Familie mochte jeder Artischocken: gekocht oder püriert, in Salaten oder mit Parmesanflocken. Gefüllt, eingelegt oder süßsauer. Sie wurden auch für leckere Pastagerichte oder in feinem Risotto verwendet, das mit einem Schuss Weißwein abgelöscht wurde.

Eine sehr schmackhafte Artischockenvariante ist die kleine, besonders stachelige »cacocciuliddi«, wie sie im sizilianischen Dialekt genannt wird. Einer der Bauern wusste, wie sehr ich sie mochte. In der Artischockensaison hinterließ er für gewöhnlich ein großes Kuvert in der Küche, auf dessen Vorderseite meine Initiale geschrieben stand: F. Der Briefumschlag war mit diesen kleinen Artischocken gefüllt, die man kaum in der Hand halten konnte, weil sie so stachelig waren. Aber ich zupfte vorsichtig die äußeren Blätter ab und genoss das weiche, vorzügliche Herz. Der Bauer, der diese leckeren Geschenke für mich hinterließ, hieß Orazio. Er war der älteste der Bauern und ich habe ihn geliebt.

Ich habe meiner Mamma immer geholfen, die Artischocken zu putzen. Meine Aufgabe war es, die äußersten, härteren Blätter zu entfernen. Mamma schnitt dann mit einem scharfen Messer den Strunk ab, schälte ihn und öffnete dann die Blüte, um das sogenannte Heu vom Blütenboden zu trennen. Anschließend wurden die Artischocken vorsichtig mit einer halben Zitrone eingerieben und dann in eine Schale mit Zitronenwasser gelegt. Danach wurden daraus verschiedene Gerichte zubereitet.

Während Mamma und ich das Gemüse putzten, naschte ich ein paar rohe Blätter. Meine Zähne verfärbten sich schwarz und ich bekam ein pelziges Gefühl im Mund, das erst verschwand, nachdem ich einen großen Bissen Zitrone zerkaut hatte.

Gemüse zu waschen, zu putzen und zu probieren, wurde zu einem herrlichen Spiel.

CARCIOFI RIPIENI

Gefüllte Artischocken

4 Portionen

4 Artischocken
1 kleine Zitrone
100 g altbackenes Brot, gerieben
2 Knoblauchzehen, fein gehackt
1 Bund Petersilie, fein gehackt
50 g Pecorino, gerieben
Olivenöl
Salz und Pfeffer nach Geschmack

1. Die härtesten äußeren Blätter der Artischocken entfernen. Die Artischocken mit dem Strunk auf die Arbeitsfläche schlagen, damit sie ein bisschen weicher werden. Die stacheligen Spitzen der Blätter und das obere Viertel des Gemüses mit einem Sägemesser abschneiden.

2. Die Schale der Zitrone abreiben und zur Seite stellen. Den Zitronensaft auspressen, in eine Schüssel füllen und mit Wasser aufgießen. Die Artischocken in die Schüssel legen und mindestens 15 Minuten einweichen lassen.

3. Das geriebene Brot mit fein gehacktem Knoblauch, Petersilie, Pecorino, der geriebenen Zitronenschale, Öl, Salz und Pfeffer würzen. Gut mischen.

4. Die Artischocken aus dem Zitronenwasser heben, das Wasser abschütteln und die Blätter weit öffnen. Die Artischocken mit der vorbereiteten Mischung füllen. Aufrecht (mit den Spitzen nach oben) und eng aneinander in einen Topf stellen, 200 ml Wasser und 4 EL Olivenöl zufügen. 30 Minuten bei mittlerer Hitze kochen.

5. Einen Schuss Olivenöl auf jede Artischocke geben, wenn sie fertig sind. Beim Essen wird Blatt für Blatt abgezupft und das Fruchtfleisch wird herausgesaugt (das Heu entfernen, wenn du dich dem Herzen näherst).

CARCIOFI IN PASTELLA

Frittierte Artischocken

4 Portionen

8 Artischocken
2 Zitronen
5 g frische Hefe
(oder Bierhefe)
200 g Mehl
Öl zum Frittieren
1 Stängel Petersilie, gehackt
Salz nach Geschmack

1. Die Artischocken waschen und putzen, die äußeren Blätter entfernen und einige Zentimeter des Strunks stehen lassen. Den Strunk schälen. Die Artischocken einmal in der Hälfte durchschneiden, dann die Hälften noch einmal halbieren. Das Heu in der Mitte entfernen und die Stücke in Schnitze schneiden. In eine Schüssel mit Wasser und dem Saft der Zitronen für 15 Minuten einlegen. Eine Zitronenspalte zum Abschmecken aufheben.

2. Die Artischockenschnitze in Salzwasser einige Minuten blanchieren. Gut abtropfen lassen und trocknen.

3. Die Hefe in eine Schale geben, in ein wenig warmem Wasser auflösen und das Mehl zufügen. Nach und nach Wasser zugeben und rühren, bis ein cremiger, fließender Teig entstanden ist. Eine Prise Salz zufügen und den Teig für mindestens eine Stunde gehen lassen.

4. Die Artischockenschnitze in den Teig tunken und nacheinander in kochendem Öl frittieren. Auf einer Servierplatte anrichten, mit Zitrone beträufeln und gehackte Petersilie darübergeben.

RISO CON I CARCIOFI

Artischockenrisotto

4 Portionen

1 l Gemüsebrühe
5 Artischocken
½ Zwiebel
6 EL Olivenöl
400 g Risottoreis (z. B. Arborio)
100 ml Weißwein
60 g Ziegenkäse
100 g Parmesan, gerieben
Petersilie, fein gehackt
Salz und Pfeffer
nach Geschmack

1. Die Gemüsebrühe aufkochen. Die Artischocken putzen, indem die Spitzen abgeschnitten und die härtesten Blätter entfernt werden. Ein Stück vom Strunk abschneiden und den Rest schälen. Das Heu herauskratzen und die Artischocken in dünne Streifen schneiden.

2. Die Zwiebel in feine Scheiben schneiden und in einer Pfanne mit dem Öl auf sehr schwacher Wärme anschwitzen, bis sie glasig werden.

3. Die Artischockenscheiben für mindestens 5 Minuten zu den Zwiebeln in die Pfanne geben. Evtl. ein wenig Gemüsebrühe angießen.

4. Den Reis zufügen und nach und nach anrösten, dabei regelmäßig umrühren. Den Wein zufügen und den Alkohol verdunsten lassen. Salzen und köcheln lassen, dabei nach und nach unter Umrühren die kochende Brühe zufügen.

5. Wenn der Reis gekocht, aber immer noch recht feucht ist, zerbröselten Ziegenkäse, geriebenen Parmesan und Pfeffer nach Geschmack zufügen und gründlich umrühren. Fein gehackte Petersilie über den Reis streuen.

SPAGHETTI CON CUORI DI CARCIOFO E PANE FRITTO

Spaghetti mit Artischockenherzen und geröstetem Brot

4 Portionen

400 g Spaghetti
1 Dose Artischockenherzen
1 Knoblauchzehe
1 Bund Petersilie
2 Scheiben trockenes Brot
Olivenöl
Salz und Pfeffer
nach Geschmack

1. Die Spaghetti in einem Topf mit reichlich Salzwasser al dente kochen.

2. Währenddessen die Artischockenherzen abtropfen lassen und halbieren.

3. Die Knoblauchzehe durch eine Presse drücken und in Öl erhitzen, die Herzen zusammen mit dem Bund gehackter Petersilie zufügen und die Mischung unter Rühren anbraten.

4. Salzen und pfeffern. Das trockene Brot in kleine Stücke schneiden und in einer zweiten Pfanne ohne Fett rösten.

5. Die Spaghetti unter die Artischocken ziehen. Das geröstete Brot darübergeben.

Aubergine
Melanzane

ICH ERINNERE MICH, dass ein Bauer im Sommer jeden Morgen mit einem Korb voller runder, glänzender Auberginen zu uns kam. Er trug den Korb auf einer Schulter, seine Hände waren stark und sehnig von einem ganzen Leben harter Arbeit in der Landwirtschaft.

Die Auberginen wurden geerntet, bevor die Sonne aufging. Sie sollten klein und fest sein, mit einer dunklen Haut, die violett schimmerte. Der Stiel grün und stachelig. Meine Großmutter war sehr wählerisch, was die Qualität von Gemüse allgemein anging, besonders kritisch war sie jedoch mit den Auberginen. Sie nahm eine nach der anderen in die Hand, um ihre Festigkeit und ihren Duft zu prüfen. Denn sie wollte sichergehen, dass sie für ihre immer köstlichen Gerichte gut genug waren!

In der großen Küche mit dem weißen Marmortisch war es meine Aufgabe, die Auberginen zu waschen, abzutrocknen und sie in verschieden große Stücke zu zerteilen. Dann wurden sie stets mit grobem Salz in eine Schüssel geschichtet, damit sie den bitteren Geschmack verloren.

Es grenzte an Magie, wie es meiner Nonna gelang, Zutaten zu kombinieren und immer einen perfekten Geschmack hervorzuzaubern. Man konnte einfach nicht widerstehen, schloss genießerisch die Augen und kostete die Mahlzeit vom ersten bis zum letzten Bissen aus.

Ich kann mich immer noch an den Geschmack von Nonnas »Parmigiana« – Auberginenauflauf mit Parmesan – und ihre »Caponata« – kalter Gemüseeintopf mit Auberginen und Kapern – erinnern. Beides sind traditionelle sizilianische Gerichte, zubereitet mit der ihr eigenen sorgfältigen, sachkundigen Art und Weise.

MELANZANE ALLA PARMIGIANA

Auberginenauflauf mit Parmesan

Varianten des Auberginenauflaufs begegnen einem in vielen Kulturen. Der italienisch-sizilianische ist ein richtiger Klassiker, der sich als vegetarisches Hauptgericht mit frischem Salat anbietet, aber ebenso Bestandteil eines Buffets sein kann. Die Parmigiana meiner Nonna wurde in meiner Familie und von allen Gästen heiß geliebt.

4 Portionen

3–5 Auberginen (abhängig von der Größe)
300 ml Tomatensauce (Dose oder nach Rezept S. 62)
100 g Parmesan, gerieben
2 Mozzarella, in Stücke gezupft
1 Bund Basilikum
Olivenöl
grobes Salz

1. Die Auberginen waschen und den Stielansatz abschneiden. Der Länge nach in dünne (ca. 5 mm) Scheiben schneiden.

2. Die Scheiben in Lagen, abwechselnd Auberginen und Salz, in ein Sieb schichten (alternativ auf einem Geschirrtuch ausbreiten und Salz darüberstreuen) und mindestens eine halbe Stunde ruhen lassen.

3. Das Salz abspülen, die Auberginen trocknen und in einer Pfanne scharf in Olivenöl anbraten.

4. Den Boden einer Auflaufform mit einigen EL Tomatensauce bedecken. Dann nacheinander Auberginen, Tomatensauce, Parmesan, Mozzarella und einige Blätter Basilikum in die Form schichten. Weitere Lagen in der gleichen Reihenfolge schichten. Mit etwas Tomatensauce und einer großzügigen Menge Parmesan abschließen.

5. Im Ofen bei 200 °C 20 Minuten backen.

PASTA CON PESTO DI MELANZANE

Pasta mit Auberginenpesto

4 Portionen

400 g frische Pasta

AUBERGINENPESTO
6 Knoblauchzehen
100 ml Olivenöl
plus mehr zum Anbraten
2 große Auberginen
1 großes Bund Basilikum
1 Stück rote Chilischote
grobes Salz

1. Die Knoblauchzehen in Olivenöl einlegen, mindestens 6 Stunden stehen lassen.

2. Die Auberginen würfeln, mit grobem Salz in ein Sieb schichten und 1 Stunde stehen lassen. Die Stücke abspülen und trocknen. In Öl braten.

3. Den Knoblauch aus dem Olivenöl nehmen, mit den Auberginen in einen Mörser geben und mit einem Stößel zerreiben. Alternativ einen Pürierstab oder Mixer verwenden. Gehackten Basilikum und zerkleinerte Chili zufügen und nach Belieben erneut zerreiben oder pürieren.

4. Die frischen Pasta al dente kochen, in eine Schüssel geben und mit dem Pesto mischen.

TIMBALLO DI PASTA ALLA NORMA
Hast du Pasta, Tomatensauce und Auberginen übrig? Dann nimm eine runde Backform mit hohem Rand. Gib etwas Sauce auf den Boden und lege gebratene Auberginenscheiben darauf, außerdem kommen welche wie Blütenblätter an den Rand. Lass etwa die Hälfte jeder Scheibe oben über den Rand hängen. Gib einen Teil der Pasta in die Mitte, dazu einige Scheiben Mozzarella, Parmesan und Basilikumblätter. Schichte weitere Lagen in die Form. Zum Schluss die überhängenden Auberginenscheiben zur Mitte hin umschlagen. Tomatensauce darüber, noch ein bisschen mehr Parmesan und dann 20 Minuten bei 180 °C in den Ofen stellen. Stürze den »Kuchen« auf eine Servierplatte und garniere ihn mit Basilikum.

POLPETTE DI MELANZANE

Auberginenbällchen

4–6 Portionen

3 Auberginen
1 Ei
70 g Parmesan
70 g Pecorino
2 EL Tomatensauce (Dose oder nach Rezept S. 62)
100 g Paniermehl
1 großer Zweig Basilikum
grobes Salz
Olivenöl
Salz und Pfeffer nach Geschmack

1. Die Auberginen waschen und trocknen. Der Länge nach in dicke Scheiben schneiden. In grobem Salz für mindestens 30 Minuten liegen lassen, damit sie die Bitterkeit verlieren. Das Salz abspülen, die Auberginenscheiben trocknen und leicht in Olivenöl garen. Abkühlen lassen und in Stücke zerteilen.

2. Zusammen mit Ei, geriebenem Parmesan und Pecorino, Tomatensauce, Paniermehl und fein gehacktem Basilikum in eine Schüssel geben. Nach Belieben Salz und Pfeffer zugeben.

3. Die Mischung lange mit den Händen kneten, dann den Teig zu Bällchen rollen und im vorher benutzten Öl braten.

4. Die fertig gebratenen Bällchen auf einen Teller mit Küchenpapier legen, damit das überschüssige Öl aufgesaugt wird. Heiß essen, dazu einen frischen Salat reichen.

CAPONATINA DELLA NONNA

Nonnas Schmorgemüse

Caponata ist ein sizilianisches Gemüsegericht, das es in vielen Varianten gibt. Jede Familie hatte ihr eigenes Rezept. Die Caponata basiert auf Auberginen, Kapern und vielen anderen Gemüsesorten. Perfekt als Antipasti vor dem Hauptgericht oder als Beilage.

6–8 Portionen

4 Auberginen
6–8 Stangen Staudensellerie
4 Paprikaschoten, Farbe nach Wahl, gehackt
1 Zwiebel
1 EL Tomatenmark
100 g grüne Oliven
2 EL Kapern
50 g Rosinen
100 ml Rotweinessig
4 EL Zucker
2 Stängel Basilikum
1 Stängel Minze
1 Handvoll Mandeln, geröstet und grob gehackt
grobes Salz
Olivenöl
Salz und Pfeffer nach Geschmack

1. Die Auberginen waschen, in große Stücke schneiden, grobes Salz darüberstreuen. 30 Minuten ziehen lassen. Den Sellerie waschen, in kleine Stückchen schneiden, in einem Topf mit leicht gesalzenem Wasser 5–10 Minuten kochen. Das Wasser abgießen und den Sellerie mit Küchenpapier abtrocknen. In Olivenöl leicht anbraten. Die Paprika in einer zweiten Pfanne in reichlich Olivenöl braten. Das Salz von den Auberginen abspülen.

2. Die Auberginen in einer zweiten Pfanne in reichlich Olivenöl braten. In eine Schüssel geben, das Olivenöl jedoch in der Pfanne belassen.

3. Die Zwiebel in Scheiben schneiden und im Öl anbraten, Tomatenmark zufügen. Auberginen, Sellerie, Paprika, Oliven, Kapern, Rosinen, Essig und Zucker zufügen. Salzen und pfeffern nach Geschmack. Das Ganze einige Minuten kochen lassen. Basilikum, Minze und Mandeln darüberstreuen. Warm essen als Beilage oder kalt stellen für Antipasti.

PASTA ALLA NORMA

Auberginenpasta

Schlichte Zutaten, aber der Geschmack ist unverkennbar! Dieses Gericht ist ein sizilianisches Nationalgericht. Es ist so beliebt, dass es schon im ausgehenden 19. Jahrhundert nach der Oper des catanischen Komponisten Vincenzo Bellini »Norma« benannt wurde. Der Legende nach soll der Dichter Nino Martoglio, als er das Gericht probiert hatte, ausgerufen haben: »Chista è vera Norma!« Das ist die echte Norma! Ein Tribut sowohl an die weltberühmte Oper als auch die beste Pasta, die er jemals gegessen hatte.

4 Portionen

1 kg Tomaten (ca. 8 Stück, mittlere Größe)
2 Knoblauchzehen, fein gehackt
2 Stängel Basilikum, Blätter abgezupft
1 Aubergine
Öl zum Frittieren
400 g Spaghetti
Ricotta, gesalzen und frisch gerieben (aus dem ital. Feinkostgeschäft; alternativ Pecorino oder Parmesan)
grobes Salz
Olivenöl
Salz nach Geschmack

1. Die Tomaten in Stücke schneiden und mit jeweils der Hälfte von Knoblauch und Basilikum in einen Topf geben. Mit Deckel mindestens 20 Minuten köcheln lassen.

2. Die Aubergine in dünne Scheiben schneiden und für mindestens 1 Stunde mit grobem Salz in eine mit Wasser gefüllte Schüssel legen, damit sie den bitteren Geschmack verlieren.

3. Die Tomaten mit einem Stabmixer pürieren; den restlichen Basilikum, die zweite Knoblauchzehe und Salz zufügen und weiter kochen. Die Sauce soll um die Hälfte reduziert werden. Nun die Herdplatte ausschalten und Olivenöl zufügen.

4. Die ausgedrückten und abgetrockneten Auberginenscheiben in Öl frittieren und auf eine mit Küchenpapier ausgelegte Servierplatte legen.

5. Die Spaghetti kochen und abseihen. Tomatensauce und Auberginen unterrühren, reichlich mit Käse bestreuen.

BEIM KOCHEN UND ESSEN werden Gefühle von Sinnlichkeit und Liebe geweckt. Alle fünf Sinne sind involviert: Geschmack, Geruch, Tastsinn, Sehen und Hören. Wenn ich dich auffordere: »Schließe deine Augen und denk an Schokolade«, was antworten dir deine Sinne? Wenn du dir erlaubst, hinzufühlen, erwachen Erinnerungen – Düfte, vielleicht auch Gefühl von Verliebtheit … Probiere es aus, während du kochst!

Ich habe das Kochen durch Imitieren und Nachspüren gelernt, und nicht, indem ich die Menge jeder einzelnen Zutat studiert habe. Ich habe es meiner Mamma und Nonna im der Küche nachgemacht. Ich habe ihre Sprache gelernt. Eine Sprache, die nicht nur über Worte zu Bestandteilen und Vorgehensweisen verfügte, sondern auch über eine stille Kommunikation mit Gesten und Handgriffen. Essen zuzubereiten, ist auch Liebe. Man muss sich völlig hingeben, um dann zu genießen. Jedes Gericht, das wir kochen, ist ein Ausdruck der Liebe zu uns selbst und zu den Menschen, die uns nah sind.

In einer Gesellschaft, die uns dazu auffordert, ständig beschäftigt und fokussiert zu sein, gerät eine alltägliche Tätigkeit aus unserem Blickfeld, die eine tiefgreifende Veränderung bewirken kann: wie wir Lebensmittel einkaufen. Wenn wir unseren Einkaufswagen im Supermarkt füllen, entscheiden wir uns, wer wir sein wollen. Wie wäre es, wenn wir uns vorstellen würden, dass wir in jeder ausgewählten Zutat demjenigen begegnen, den wir lieben – statt gestresst durch Regalreihen zu rennen? Auf diese Weise schaffen wir eine Beziehung zu jedem Produkt. Wir berühren es, sehen seine Festigkeit, Farbe, Duft und Form. Hier visualisieren wir schon, was wir erschaffen werden. Wir werden einfühlsamer, wir werden zu Künstlern und Kreativen.

Ein bestimmter Geruch ruft Erinnerungen wach und weckt Begeisterung. Wir lächeln der Erinnerung zu, verbinden etwas mit der Zutat in unserer Hand, danken ihr. Zutaten, die uns ernähren, unsere Gesundheit, Kraft und Schönheit erhalten. Wir lieben mit unserem Geschmackssinn. Speisen sind eine wichtige Form der Sinnlichkeit.

Mit Liebe,
Francesca

Fenchel
Finocchi

FENCHEL GEHÖRT zur Familie der Doldenblütler, ebenso wie Kümmel, Anis, Sellerie und auch Petersilie. Fenchel, insbesondere wilder Fenchel, nimmt in meinen Erinnerungen einen speziellen Platz ein. Auf Sizilien wächst der wilde Fenchel an Acker- und Wegrändern, besonders in trockener Erde.

In meiner Familie wurde Fenchel eifrig verwendet. Hauptsächlich, weil er so vielseitig ist: Welches Gericht auch immer bekam durch ihn den letzten Schliff und gleichzeitig wurde es durch ihn leichter verdaulich. Er wurde als Gewürz in Pasta, in Suppen und zusammen mit Hülsenfrüchten verwendet. Ich erinnere mich daran, wie wir als Kinder im Winter aufs Land fuhren, um ein Wochenende bei meiner Nonna zu verbringen. Bevor gekocht wurde, gingen wir zusammen spazieren, um Fenchel zu pflücken. Nur meine Nonna und ich. In der Nähe ihres Hauses gab es einen kleinen Weg, an dem er im Überfluss wuchs. Nonna hielt mich an der Hand und erzählte mir, dass sie mit ihrer Mamma auch lange Spaziergänge unternommen und wilde Kräuter gesucht hatte, als sie klein war.

An einer Stelle zwischen ein paar Büschen gab es immer jede Menge wilden Fenchel, den wir pflückten. Dann banden wir alle Stiele mit einer Kordel zusammen und machten uns auf den Heimweg, gut gelaunt und zufrieden mit unserer Ernte und der Zeit, die wir miteinander verbracht hatten.

Fenchel machte die Winter spannend. Ich freute mich auf die Spaziergänge, die schönen Gespräche und die Entdeckungsreisen ins Grüne.

Ich erinnere mich, wie Nonna oft laut überlegte, wenn sie über neue Rezepte und neue Möglichkeiten nachdachte, Zutaten zu kombinieren. Sie sprach ihre Gedanken zu Gerichten aus, als wären sie Geschichten. Und sie sagte immer zu mir, dass ich als Erwachsene in der Küche viel Platz für die Fantasie einräumen müsste.

Es war ebenfalls ihre tiefste Überzeugung, dass das Zubereiten von Speisen die vornehmste und kreativste Beschäftigung und der höchste Ausdruck für Liebe wäre; uns selbst und den Menschen gegenüber, die wir lieben und die unsere Speisen essen werden. Das empfinde ich ebenso, auch heute noch.

PASTA ALLA SICILIANA

Sizilianische Pasta mit Fenchel und Orangen

4 Portionen

4 Fenchel (mit Fenchelgrün)
40 g gehackte Mandeln
2 kleine rote Zwiebeln
500 g Casarecce
(alternativ Penne)
1 kleine Orange
Olivenöl
Salz und Pfeffer
nach Geschmack

1. Den Fenchel waschen, putzen und in sehr dünne Streifen schneiden. Das Fenchelgrün klein schneiden und zur Seite stellen.

2. Die Mandeln in einer Pfanne ohne Fett rösten; ab und zu rühren, bis sie Farbe angenommen haben.

3. Die roten Zwiebeln in feine Scheiben schneiden, in einer zweiten Pfanne in 3 EL Olivenöl leicht anbraten, Temperatur senken und die Fenchelstreifen hinzufügen. Einige Minuten ziehen lassen. Mit Salz und Pfeffer abschmecken, wieder zum Kochen bringen und mindestens 10 Minuten köcheln lassen.

4. In einem Topf mit reichlich Salzwasser die Pasta al dente kochen. Abseihen und in die Pfanne mit der Zwiebel-Fenchel-Mischung geben.

5. Mandeln, Fenchelgrün, Saft und geriebene Schale der Orange zufügen. Ein paar Minuten gut unterheben und heiß servieren.

FINOCCHI AL PANGRATTATO

Fenchel mit gerösteten Semmelbröseln

4 Portionen

4 Fenchel
50 g Semmelbrösel bzw. Paniermehl
50 g Butter
50 g Parmesan
50 g Pecorino
Öl für die Form
Salz und Pfeffer nach Geschmack

Nach Belieben: Nach dem Backen geröstete Pistazien und frisch geriebenen Parmesan darüberstreuen.

1. Den Fenchel waschen und putzen, die härteren Außenblätter entfernen und den Rest der Knollen vierteln. In Salzwasser für ca. 10 Minuten kochen. Eine Auflaufform einfetten und die Fenchelstücke hineinlegen.

2. Die Semmelbrösel mit der Hälfte der Butter vorsichtig in einer Pfanne rösten. Parmesan und Pecorino reiben, mit der restlichen Butter zum Paniermehl geben. Salzen und pfeffern nach Geschmack.

3. Im Ofen bei 200 °C für 15 Minuten überbacken. Heiß servieren.

INSALATA DI FINOCCHI E ARANCE

Fenchel-Orangen-Salat

4 Portionen

2 Fenchel
4 Orangen, am besten Blutorangen
40 g Pistazien
100 ml Olivenöl
Salz und frisch gemahlener Pfeffer nach Geschmack

Nach Belieben: Kapern und schwarze Oliven dazu reichen.

1. Den Fenchel waschen und putzen, die äußere Lage entfernen. Der Länge nach in Hälften teilen und in sehr dünne Streifen schneiden. Die Fenchelstreifen auf einen Teller legen.

2. Die Orangen schälen und so gut es geht auch das Weiße zwischen der Schale und dem Fruchtfleisch entfernen. In Scheiben schneiden und auf dem Fenchel verteilen.

3. Die Pistazien hacken und über dem Salat verteilen. Mit Öl, ein wenig Salz und Pfeffer abschmecken.

Kohl
Cavoli

KOHL IST EIN WINTERESSEN für mich: Warme, herzhafte, leckere Gerichte. Brokkoli und Blumenkohl wurden bei uns an der Straße von älteren Bauern verkauft, die allen Passanten erzählten, welch ausgezeichnete Qualität und guten Geschmack ganz besonders ihr Kohl hatte. Er wurde dann begutachtet, betastet und berochen. Kohl ist nährstoffreich und kostet doch so wenig. Zu Hause bereiteten wir nahrhafte Kohlgerichte zu, die die ganze Familie satt machten.

Reis mit Brokkoli war während des Winterhalbjahres das Lieblingsgericht von meinen Brüdern und mir. Auch Blumenkohl fand sich regelmäßig in unserer Küche. Auf Sizilien ist er oft flieder- bis purpurfarben. Er wird »Di Sicilia violetto« genannt und sieht wunderschön aus. Roh (ja, man kann ihn roh essen!) ist er reich an Antioxidantien, Mineralstoffen und Vitaminen. Er wächst u. a. an den Hängen des Vulkans Ätna, in einem optimalen Mikroklima mit viel Sonne. Sein Geschmack ist unverkennbar!

Ein Blumenkohlkopf konnte mehrere Kilo wiegen. Wenn man ihn mit nach Hause nahm, hatte man damit bereits für viele Gerichte gesorgt. In der Küche wurde ein Röschen nach dem anderen abgeschnitten. Sie wurden in eine große Schüssel gelegt und anschließend konnte man entweder der Fantasie freien Lauf lassen oder vielfach bewährte Rezepte kochen.

RISO CON BROCCOLI

Brokkoli-Zitronen-Reis

Reis mit Broccoli war zur Winterzeit mein Lieblingsgericht. Ein einfaches Gericht für das warme Abendessen. Meine Mamma hat es oft gekocht und meine Brüder und ich liebten es. Wir lagen gewöhnlich im Wettstreit, wer von uns am meisten davon schaffte.

4 Portionen

2 Brokkoli (ca. 800 g)
400 g Reis
etwas rote Chilischote, gehackt
Olivenöl nach Geschmack
1 kleine Zitrone
Salz nach Geschmack

Nach Belieben: ein wenig geriebene Zitronenschale unterrühren.

1. Den Brokkoli waschen und in Röschen teilen. Diese in einem passenden Topf mit Salzwasser kochen – nur so viel, dass die Röschen gerade bedeckt sind.

2. Währenddessen den Reis in einem zweiten Topf kochen – er soll noch recht hart sein. Wenn die Hälfte der Garzeit des Brokkolis vorbei ist, den abgeseihten Reis dazugeben und fertig garen lassen. Bei Bedarf Wasser hinzufügen und nachsalzen.

3. Chili, Olivenöl und Zitronensaft zufügen.

PASTA 'NCACIATA

Brokkoli-Nudel-Gratin mit Haselnüssen

4 Portionen

1 Brokkoli (ca. 400 g)
2 Knoblauchzehen
1 Stängel Petersilie
250 g geschälte Tomaten aus der Dose
400 g Rigatoni
1 Handvoll Haselnüsse, gehackt
100 g Pecorino, gerieben
Olivenöl
Salz und Pfeffer nach Geschmack

1. Den Brokkoli waschen und als Ganzes in Salzwasser kochen. Den Kopf herausheben, das Kochwasser jedoch aufbewahren.

2. Knoblauch und Petersilie hacken und in einer großen Pfanne mit Olivenöl anbraten. Den Brokkoli in Röschen zerteilen. Geschälte Tomaten und Brokkoliröschen in die Pfanne geben. Mit Salz und Pfeffer würzen und ca. 15 Minuten köcheln lassen. Falls nötig, ein wenig Kochwasser zugießen.

3. Währenddessen die Pasta im Brokkoliwasser kochen, abseihen und unter die Brokkolimischung rühren.

4. Den Großteil der gehackten Haselnüsse und des Käses unterrühren. Alles gleichmäßig verteilen und die Mischung in eine eingeölte Auflaufform geben.

5. Den restlichen Käse samt Haselnüssen darüber verteilen. Bei 180 °C 20 Minuten überbacken. Heiß servieren.

BUCATINI CON CAVOLFIORE ARRIMINATO

Blumenkohlpasta

4 Portionen

1 Handvoll Rosinen
1 kleine Zwiebel
1 rote Chilischote
50 g Pinienkerne
1 großer EL Tomatenmark
1 Blumenkohl (ca. 1 kg)
500 g Bucatini oder Makkaroni
ca. 50 g Pecorino
1 kleine Tasse Paniermehl
Olivenöl
Salz nach Geschmack

1. Die Rosinen in lauwarmem Wasser einweichen.

2. Die Zwiebel hacken und mit Öl bei schwacher Hitze in einer Pfanne anbraten.

3. Die Chili fein hacken. Die Rosinen ausdrücken und mit Pinienkernen, Tomatenmark und ein wenig der Chili in die Pfanne geben.

4. Den Blumenkohl in Röschen teilen und in Salzwasser kochen. Mit einem Schaumlöffel herausheben, abtropfen lassen und in die Pfanne zu Zwiebeln und Rosinen geben.

5. Die Pasta im Blumenkohlwasser al dente kochen und abseihen. Etwas vom Kochwasser aufbewahren, in die Pfanne zum Zwiebelgemisch geben und umrühren. Evtl. ein wenig kaltes Wasser zufügen. Gründlich umrühren. Pecorino-Stückchen zufügen, die beim Umrühren schmelzen.

6. Paniermehl in der Pfanne mit Olivenöl rösten, Chili-Rest zufügen und auf der Pasta verteilen.

BROCCOLI AFFOGATI

Brokkoli in Weißwein

4–6 Portionen

2 Brokkoli (ca. 800 g)
1 Bund (ca. 5 Stück) Frühlingszwiebeln, fein gehackt
150 g Pecorino, gehobelt
80 g schwarze Oliven
100 ml Weißwein
Olivenöl
Salz und Pfeffer nach Geschmack

Nach Belieben: Mit Chilistreifen garnieren.

1. Die Brokkoliköpfe gut waschen und der Länge nach in dünne Scheiben schneiden.

2. In einen großen, tiefen Schmortopf ein wenig Olivenöl geben. Dann das Gemüse in dieser Reihenfolge in dünnen Lagen aufschichten: fein gehackte Frühlingszwiebel, Brokkolischeiben, gehobelten Pecorino und schwarze Oliven. Salzen, pfeffern und noch ein wenig Olivenöl dazugeben. Für weitere Lagen wiederholen, bis alles in der Form ist.

3. Den Wein darübergießen. Einen Deckel mit kleinerem Durchmesser als die Form direkt auf das Gemüse legen. Gerne noch zusätzlich beschweren. Ca. 30 Minuten köcheln lassen, zwischendurch evtl. ein wenig Wasser angießen. Nicht umrühren, aber den Topf zwischendurch ein paarmal rütteln.

LENTICCHIE A MINESTRA

Linsensuppe mit Gemüse und Pasta

4 Portionen

300 g grüne Linsen
2 Stangen Sellerie
1 Karotte
1 kleine Zwiebel
1 mittelgroße, reife Tomate
3–4 große Stücke Blumenkohl oder Brokkoli
1 sonnengetrocknete Tomate, gehackt
Minipasta oder Spaghetti, in kleine Stücke zerbrochen
Olivenöl
evtl. Chili
Salz und Pfeffer nach Geschmack

1. Die Linsen gründlich waschen.

2. Die Selleriestangen in feine Streifen schneiden, Karotte und Zwiebel fein hacken und alle drei vorsichtig in 2 EL Olivenöl in einer Pfanne anbraten.

3. Die Tomate schälen und in Stücke schneiden, den Blumenkohl oder Brokkoli in mundgerechte Stücke zerteilen. In die Pfanne geben und einige Minuten unter Rühren mitbraten.

4. Linsen und sonnengetrocknete Tomate zufügen. Salzen, pfeffern und mit Wasser aufgießen, bis alles bedeckt ist. Den Deckel auflegen und die Suppe bei schwacher Hitze ca. 1 Stunde köcheln lassen.

5. Die Pasta zufügen, wenn die Suppe schon fast fertig ist. Die Suppe nach Geschmack mit zusätzlichem Olivenöl und ein wenig gehackter Chili servieren.

CAVOLFIORI MARINATI

Marinierter Blumenkohl

4 Portionen

500 g Blumenkohl
2 Zitronen
Olivenöl
60 g Walnüsse
½–1 rote Chilischote, fein gehackt
einige Stängel Petersilie, gehackt
Salz nach Geschmack

1. Den Blumenkohl in dünne Scheiben schneiden und über Nacht im Saft einer Zitrone ruhen lassen.
2. Die Scheiben auf einer schönen Servierplatte anrichten, darüber Öl und Saft der anderen Zitrone träufeln und Salz und abgeriebene Zitronenschale darauf streuen.
3. Walnüsse mit Chili in einer kleinen Pfanne ohne Fett rösten, bis sie ein wenig Farbe bekommen haben. Nüsse, Chili und gehackte Petersilie über den Blumenkohlscheiben verteilen.

Nüsse und Kerne

Noci

WENN ICH MICH NACH Sizilien träume, bin ich innerhalb eines Augenblickes dort. Ein kleines Mädchen mit dunklen Locken und Schürzentaschen voller Mandeln und Haselnüsse. Mein Lieblingssnack.

Als Kind wartete ich nicht nur ungeduldig darauf, dass die wunderbaren hellrosa Blüten des Mandelbaumes aufgehen würden, sondern auch auf die ersten Früchte. Ich pflückte die Mandeln direkt vom Baum und zerschmetterte die Schale mit einem Stein, um sie ganz frisch essen zu können. Meine Cousinen und ich verbrachten manchmal ganze Nachmittage mit dem Knacken, Schälen und Essen von Mandeln.

Genauso war es mit Pistazien. Ich erinnere mich an einen Bauern, der regelmäßig mit Pistazien aus der Gegend in unsere Küche kam. Aber meine Großmutter war anspruchsvoll und wollte am liebsten nur beste Qualität kaufen: Pistazien aus Bronte. Der kleine Ort am Fuße des Ätna ist auch heute noch weltbekannt für seine Pistazien.

Es gibt viele sizilianische Rezepte mit Pistazien und Mandeln oder mit Haselnüssen aus den Nebrodi-Bergen. Meine Großmutter stellte zu Hause in der Küche Schokoaufstrich aus unseren eigenen Haselnüssen her, was wir Kinder natürlich liebten. Mandeln wurden u. a. zu einer erfrischenden Mandelmilch verarbeitet, die kalt zusammen mit gutem Kaffee getrunken wurde. Und aus den Pistazien machten wir das beste Pesto, das wir zu frischer Sonntagspasta aßen.

MAFALDE CON PESTO DI TRAPANI

Pasta mit Trapanipesto

4 Portionen

400 g Pasta, Mafalde oder Casarecce

TRAPANIPESTO
4 Knoblauchzehen
150 g geschälte Mandeln
1 großes Bund Basilikum
50 g Pecorino, gerieben
50 g Parmesan, gerieben
8–10 Kirschtomaten
etwas rote Chilischote, gehackt
3½ EL Olivenöl
Salz nach Geschmack

Nach Belieben: Noch mehr geriebenen Pecorino, Mandeln und Olivenöl dazu reichen.

1. Knoblauch, Olivenöl und Mandeln in einen Mixer geben und zerkleinern, bis sie gut vermischt, aber noch nicht fein püriert sind.

2. Basilikum, Pecorino und Parmesan zufügen, außerdem die Kirschtomaten, Salz und Chili. Nochmals gut vermixen und ruhen lassen.

3. Die Pasta in reichlich Salzwasser kochen, bis sie al dente ist. Abseihen, etwas Kochwasser aufheben.

4. Die Nudeln in eine große Schüssel geben und das Pesto untermischen. Falls nötig, ein wenig des Kochwassers zugießen und heiß servieren.

ARANCINE DI PISTACCHIO

Frittierte Reisbällchen mit Pistazien

4 Portionen

1 l Gemüsebrühe
1 rote Zwiebel
1 gehäufter EL Butter
300 g Risottoreis (z. B. Arborio)
200 ml Weißwein
150 g Parmesan, gerieben
150 g Fontina oder Taggio
Mehl
4 Eier
Paniermehl
250 g Pistazien
Öl zum Frittieren
Salz nach Geschmack

1. Die Gemüsebrühe aufkochen.

2. Die Zwiebel würfeln und in einem Topf mit Butter anbraten. Dann Reis, Wein und drei Suppenkellen der heißen Brühe unter ständigem Rühren zufügen.

3. Den Reis ca. 20–25 Minuten kochen lassen, den Parmesan zufügen, bei Bedarf mehr Brühe nachgießen und weiter rühren, bis die Flüssigkeit aufgesaugt wurde und der Reis al dente ist. Abkühlen lassen.

4. Fontina oder Taleggio in Stückchen schneiden. Drei Teller vorbereiten: einen mit Mehl, einen mit geschlagenem Ei, einen mit Paniermehl. Den Reis in eine Schüssel geben.

5. Die Pistazien fein hacken und unter den Reis mischen. Bällchen mit einem Käsestück in der Mitte formen.

6. Die Bällchen der Reihe nach erst im Mehl, dann im Ei und zum Schluss im Paniermehl wenden.

7. In heißem Öl frittieren, bis sie goldbraun und knusprig sind. Die Arancini auf eine Servierplatte mit Küchenpapier legen, um das überschüssige Öl aufzusaugen. Heiß servieren.

CANNELLONI DI MAGRO

Cannelloni mit Ricotta und Spinat

4–6 Portionen

Béchamelsauce (S. 40)
500 g gehackter Spinat (TK oder frisch)
50 g Pinienkerne
500 g Ricotta
2 Msp. geriebener Muskat
½ Zitrone, Saft und Schale
500 g selbst gemachte oder fertig gekaufte frische Lasagneplatten (alternativ getrocknete Platten, dann nicht rollen, sondern schichten)
3 EL geriebener Parmesan
Butter für die Form
Salz und Pfeffer nach Geschmack

1. Die Béchamelsauce herstellen.

2. Den Spinat erwärmen. Die Pinienkerne in einer Pfanne ohne Fett unter Rühren rösten, bis sie ein wenig Farbe bekommen haben. Dann Ricotta, Muskat, Zitronensaft und -schale unterrühren. Mit Salz und Pfeffer würzen.

3. Die Lasagneplatten in ca. 15 cm lange Stücke schneiden. Eine Auflaufform buttern und ein wenig Béchamelsauce auf dem Boden verteilen.

4. Die Füllung auf die Pastastücke geben, zu Canneloni rollen und nebeneinander mit der offenen Stelle nach unten in die Auflaufform legen. Béchamelsauce über die Rollen gießen. Mit reichlich Parmesan bestreuen.

5. Bei 200 °C ca. 30 Minuten backen, bis der Käse goldbraun geworden ist.

POLPETTE DI RISO CON PESTO DI BROCCOLI E MANDORLE

Reisbällchen mit Brokkoli und Mandelpesto

Für dieses Rezept kannst du auch übrig gebliebenen Reis vom Vortag verwenden.

4 Portionen

400 g Brokkoli
400 g Reis
80 g Mandeln
1 Zitrone
1 Knoblauchzehe
1 Bund frische Petersilie
Olivenöl
Salz nach Geschmack

FRITTIERTEIG
1 Handvoll Kichererbsenmehl
1 Prise Salz
Paniermehl zum Panieren
Öl zum Frittieren

1. Den Brokkoli in kleine Röschen zerteilen. 300 g zusammen mit dem Reis in reichlich Salzwasser kochen.

2. Den restlichen Brokkoli mit einer Prise Salz dampfgaren. Dann mit Mandeln, geriebener Schale und Saft der Zitrone, Knoblauchzehe, reichlich frischer Petersilie, Olivenöl und Salz in einen Mixer geben. Wenn das Mus zu dick wird, mehr Öl zufügen.

3. Das Pesto unter den Reis mischen und Bällchen formen.

4. Für den Teig Kichererbsenmehl und Salz in einem tiefen Teller mit kaltem Wasser anrühren. Schnell und kräftig rühren, bis ein fließender, weicher Teig entstanden ist. Das Paniermehl auf einen zweiten Teller geben. Die Bällchen erst im Teig, dann im Paniermehl wenden.

5. In Öl frittieren oder im Ofen bei 180 °C ca. 20 Minuten backen.

GRANITA DI MANDORLA

Mandel-Slush

200 g geschälte Mandeln
20 g geschälte Bittermandeln
200 g Zucker
1 kleine Tasse Espresso

Beide Mandelarten mit Zucker in einen Mörser geben und sehr fein mahlen. 1 l Wasser zum Kochen bringen und abkühlen lassen. Das Mandelpulver in das lauwarme Wasser geben und gut umrühren. In einen Behälter umfüllen und ins Tiefkühlfach stellen. Jede halbe Stunde mit einer Gabel kräftig durchrühren. Sobald die Mischung körnig wird, kräftig mit einem Schneebesen schlagen. Zum Schluss den warmen Espresso zufügen.

LATTE DI MANDORLA

Mandelmilch

200 g Mandeln
1 Vanillestange
1 Dattel zum Süßen nach Geschmack

Tipp: Hebe den ausgesiebten Mandelbrei auf und verwende ihn weiter. Du kannst ihn z. B. bei schwacher Wärme im Ofen trocknen. So wird er zu Mandelmehl, das du in anderen Rezepten verarbeiten kannst.

Die Mandeln in kaltem Wasser mindestens 4 Stunden einweichen lassen. Danach die Haut abziehen und die Mandeln in einen Mixer füllen. Die Vanillestange der Länge nach aufschneiden und das Mark herausschaben. 400 ml Wasser, Dattel und Vanille zu den Mandeln geben, einige Minuten pürieren. In ein engmaschiges Sieb geben, um die Flüssigkeit von der Mandelmasse zu trennen. Die Mandelmilch in eine Flasche füllen und im Kühlschrank verwahren.
Als Milchgetränk mit ein wenig Zimt trinken.

TORTA DI PISTACCHIO

Pistazienkuchen

7 Eier, getrennt
300 g geschälte Pistazien
250 g Zucker
75 g Mehl oder Maisstärke
1 TL Backpulver
Butter und Mehl für die Form

1. Die Eiweiße mit einem elektrischen Schneebesen steif schlagen. Die Pistazien hacken und in einer Pfanne ohne Fett rösten, bis sie ein wenig Farbe bekommen haben.

2. Die Eiweiße weiterschlagen, dabei nach und nach Zucker, Eigelbe, Pistazien, Mehl und Backpulver zufügen.

3. Wenn alle Zutaten gut durchmischt sind, den Teig in eine eingefettete, bemehlte Form geben. Den Kuchen bei 180 °C mindestens 30 Minuten backen.

Zucchini

Zucchini

DIE HERRLICH ORANGEFARBENEN Blüten, die smaragdgrünen Früchte und der süße Geschmack machten die Zucchini für mich zur Königin der Küche. Als ich klein war, habe ich immer gesagt, dass ich Zucchiniblüten in meinem Brautstrauß haben wollen würde.

Zucchini gibt es in vielen Farben und Formen. Am auffälligsten sind die dünnen, langen »Schlangen von Sizilien«, die auf Sizilianisch »cucuzza longa« genannt werden. Diese Sorte kann bis zu zwei Meter lang werden! Wir aßen nicht nur das milde, helle Fruchtfleisch, sondern auch die samtweichen Blätter und Knospen der Cucuzza.

PENNE CON ZUCCHINE FRITTE E MENTA

Penne mit gebratener Zucchini und Minze

4 Portionen

4 mittelgroße Zucchini
3 Knoblauchzehen
1 Stück rote Chilischote
400 g Penne
einige Stängel Minze
Pecorino, gerieben, nach Geschmack
grobes Salz
Olivenöl
Salz und Pfeffer nach Geschmack

1. Die Zucchini in Scheiben schneiden und mit Salz in ein Sieb schichten. Mindestens 30 Minuten ziehen lassen, um die Scheiben zu entwässern.

2. Abspülen, abtrocknen und in einer Pfanne mit reichlich Öl braten, bis sie eine goldene Farbe angenommen haben. Auf einen Servierteller mit Küchenpapier legen, um das überschüssige Öl aufzusaugen.

3. Knoblauch und Chili fein hacken und in einer großen Pfanne in Öl anbraten. Die Pasta in einem Topf al dente kochen.

4. Die Pasta zusammen mit den Zucchini und der Minze in die Pfanne geben. Gut durchmischen, mit Salz und Pfeffer würzen und geriebenen Pecorino darüberstreuen.

FIORI DI ZUCCA RIPIENI

Gefüllte Zucchiniblüten

Wenn die Zucchiniblüten die Küche meines Elternhauses erstrahlen ließen, war es wie ein Fest! Meine Nonna und Mamma bereiteten sie massenweise zu, aber es waren nie genug. Alle Familienmitglieder liebten Zucchiniblüten. Sie waren wie Süßigkeiten! Für die Füllung verwendeten wir Anchovis und ein Stückchen Tuma, einen typisch sizilianischen Frischkäse. Hier nehmen wir stattdessen Mozzarella und sonnengetrocknete Tomaten.

4 Portionen

5 g frische Hefe (oder Bierhefe)
150 g Mehl
10 große Zucchiniblüten
5 sonnengetrocknete Tomaten
2 Mozzarella
Öl zum Frittieren
Salz und Pfeffer nach Geschmack

1. Die Hefe in ein wenig lauwarmem Wasser auflösen und das Mehl und eine Prise Salz hinzufügen. Nach und nach mehr Wasser unterrühren, bis ein glatter, zähflüssiger Teig entstanden ist. Mit einem Geschirrtuch abdecken und einige Stunden ruhen lassen.

2. Die Zucchiniblüten vorsichtig abspülen und trocknen, ohne dass sie einreißen. Die sonnengetrockneten Tomaten in sehr feine Streifchen schneiden, den Mozzarella in kleine Stückchen.

3. Die Blüten mit Tomaten und Mozzarella füllen, die Spitzen der Blütenblätter nach innen falten und die gefüllten Blüten auf einen großen Teller legen.

4. Eine nach der anderen in den Teig eintauchen. In kochendem Öl frittieren, bis sie goldbraun sind.

CUCUZZA LONGA A MINESTRA

Schlangenzucchinisuppe

Meine Nonna sagte immer, dass diese Suppe gesund sei und den Magen erfrische. Schlangenzucchini, auch als Riesenzucchini bekannt, sind nicht leicht zu finden – eine »normale« Zucchinisorte funktioniert auch.

4–6 Portionen

10 reife Kirschtomaten
1 Zwiebel
1 Knoblauchzehe
1 Schlangenzucchini/cucuzza longa (alternativ 6 kleine Zucchini)
2 große Kartoffeln
Pecorino, gerieben
1 Bund Basilikum
Olivenöl
Salz und Pfeffer nach Geschmack

1. Die Kirschtomaten waschen und für ein paar Sekunden in kochendes Wasser legen. Mit kaltem Wasser abschrecken und die Haut abziehen.

2. Die Zwiebel in dünne Scheiben schneiden, den Knoblauch hacken und in einem Topf mit reichlich Öl anbraten.

3. Zucchini und Kartoffeln schälen und in kleine Würfel schneiden. Zusammen mit den geschälten Kirschtomaten in den Topf geben. Salzen. Umrühren und mit kochendem Wasser aufgießen, bis alle Zutaten bedeckt sind. Mit Deckel ca. 30 Minuten kochen.

4. Heiß mit reichlich geriebenem Pecorino, einigen Basilikumblättern und ein wenig Olivenöl servieren.

PASTA CREMOSA ALLE ZUCCHINE

Cremige Zucchinipasta

4 Portionen

4 Zucchini, mittelgroß
1 Knoblauchzehe
400 g Minipasta
Schale von 1 Zitrone
200 g Taleggio
50 g Parmesan
Basilikum nach Geschmack
Olivenöl
Salz und Pfeffer
nach Geschmack

1. Die Zucchini waschen und in Würfel schneiden. Die Knoblauchzehe fein hacken. Olivenöl in einen Topf geben und anbraten; dann Zucchini, Salz und Pfeffer zufügen. Gleichzeitig ein wenig Wasser zum Sieden bringen, in den Topf mit der Zucchini geben und 5 Minuten kochen lassen. Die Zucchini direkt im Topf mit einer Gabel zerquetschen.

2. Die Pasta al dente kochen, abseihen (Wasser aufbewahren!) und in den Topf mit der Zucchini geben. Weiter kochen lassen und die Pasta umrühren, wie bei einem Risotto. Nach und nach heißes Nudelwasser zufügen, bis die Pasta fertig gekocht ist.

3. Die Schale der Zitrone abreiben, Taleggio in kleine Stückchen schneiden, zusammen mit geriebenem Parmesan und Basilikum nach Geschmack unterrühren. Heiß servieren.

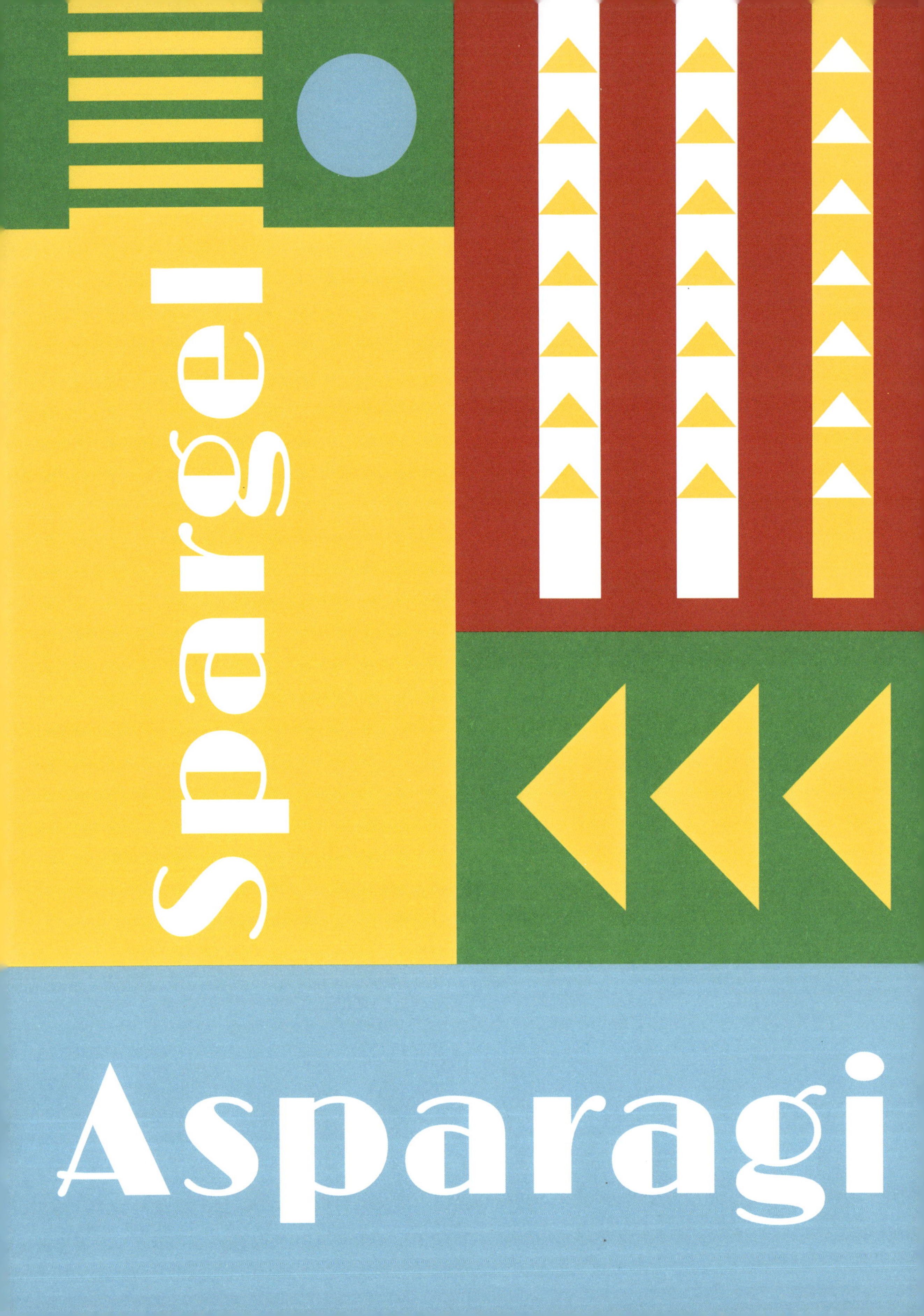
Spargel
Asparagi

IM MÄRZ UND ANFANG APRIL färbt sich die sizilianische Landschaft in helle Grün- und Rosatöne. Die Wildblumen fangen an zu sprießen und an den Obstbäumen wachsen die ersten Knospen. Die Mandelbäume sind bedeckt mit kleinen rosa Blüten, die Gefühle von Stille, aber auch Vorfreude aufkeimen lassen.

Der Wildspargel ist bereit für die Ernte.

Wenn es auf Ostern zuging, war die Zeit gekommen, das Osteressen vorzubereiten. Selbstverständlich gehörte Spargel dazu. Der Wildspargel versteckte sich gut, war aber schon reif. Ich erinnere mich daran, wie wir zum Pflücken aufs Land fuhren. Das waren Ausflüge!

Wir Kinder bereiteten unsere Körbe immer sorgfältig vor und konnten in der Nacht davor kaum schlafen. Als wir weit genug aufs Land gefahren waren, hielt ich mich immer nahe bei meiner Nonna. Mamma und meine Tanten schlenderten langsam hinter uns her. Sie nutzten das Spargelpflücken eher als eine gute Gelegenheit, um sich zu treffen und sich zu unterhalten. Den Spargel fanden wir versteckt unter Dornbüschen, unter Mandelbäumen und zwischen Wiesengräsern. Wir waren immer äußerst gründlich bei der Suche. Die Pflanzen, die zwischen den Lavasteinen am Fuß des Ätna wuchsen, hatten einen besonderen Geschmack. Auf Sizilianisch werden sie »sparacogni di muntagna« genannt, was in etwa »wilder Bergspargel« bedeutet.

BRUSCHETTA DI ASPARAGI

Spargelbruschetta

4 Portionen

2 Bund grüner Spargel (Wildspargel, falls erhältlich)
2 Knoblauchzehen
4 Scheiben Weißbrot, gern vom Vortag
Ricotta
Schale von 1 Zitrone
Olivenöl
Salz und Pfeffer nach Geschmack

1. Den Spargel schälen, verholzte Teile der Stangen abschneiden. Die Spitzen unter laufendem Wasser waschen und abtropfen lassen.

2. Olivenöl und eine fein gehackte Knoblauchzehe in eine Pfanne geben. Leicht anbraten und dann den Spargel dazugeben. Einige Minuten leicht braten; darauf achten, dass er weiterhin knackig bleibt.

3. Die Brotscheiben grillen oder rösten und danach mit der übrigen Knoblauchzehe einreiben. Mit reichlich Ricotta bestreichen und vorsichtig den Spargel darauflegen.

4. Zum Schluss pfeffern und geriebene Zitronenschale auf den Broten verteilen.

SPAGHETTI AL DENTE CON ASPARAGI

Spargelspaghetti

4 Portionen

2 Bund grüner Spargel (Wildspargel, falls erhältlich)
2 Knoblauchzehen
1 rote Chilischote
400 g Spaghetti
½ Zitrone
100 g Pecorino, gerieben
Olivenöl
Salz und Pfeffer nach Geschmack

1. Den Spargel waschen und die verholzten Teile abschneiden. 1 Minute in leicht gesalzenem Wasser kochen. Herausheben und abtropfen lassen. Das Kochwasser aufbewahren.

2. Währenddessen den Knoblauch fein hacken und mit einem Stückchen frischer Chili und einem Schuss Öl in eine Pfanne geben. Bei geringer Hitze anschwitzen. Die Spargelspitzen abschneiden und in die Pfanne geben. Gründlich umrühren.

3. Die Spaghetti für einige Minuten im Spargelwasser kochen. Abseihen (etwas Wasser aufbewahren!) und in die Pfanne geben. Umrühren, bei Bedarf ein wenig Kochwasser zufügen.

4. Einige Tropfen Zitronensaft, geriebene Zitronenschale und Pecorino zufügen und köcheln lassen, bis die Spaghetti al dente sind. Gut untermischen und heiß servieren.

RISO CON ASPARAGI E BESCIAMELLA ALLO ZAFFERANO

Überbackener Reis mit Spargel und Safran-Béchamelsauce

4–6 Portionen

2 Bund grüner Spargel (Wildspargel, falls erhältlich)
500 g Risottoreis (z. B. Arborio)
200 g Parmesan, gerieben
200 g Provolone, in Scheiben
Olivenöl
Butter für die Form
Salz und Pfeffer nach Geschmack

SAFRAN-BÉCHAMEL
Béchamelsauce (S. 40)
0,5 g Safran

1. Den Spargel waschen und die verholzten Teile abschneiden, die Spitzen zur Seite legen. In einem Topf Salzwasser zum Kochen bringen und die Stangen blanchieren. Sobald sie leicht gar sind, mit einem Schaumlöffel herausheben und in einer Schüssel mit Eiswasser abschrecken.

2. Den Reis im Spargelwasser kochen. Er soll nicht ganz weich werden, da er im Ofen noch weiter gegart wird.

3. Die Béchamelsauce vorbereiten. Safran in die Béchamelsauce geben.

4. Den Reis abseihen und mit der Hälfte der Béchamelsauce mischen. Die Spargelstangen mit einem Schuss Olivenöl pürieren und unter den Reis mischen. Etwas Parmesan zufügen.

5. Eine Auflaufform buttern. Die Hälfte der Reismasse in die Form geben, einige Scheiben Provolone, etwas Parmesan und einige Löffel Béchamelsauce darauf verteilen. Mit dem restlichen Reis bedecken und den Rest der Béchamelsauce darübergießen.

6. Den Auflauf mit den Spargelspitzen verzieren und den restlichen Parmesan darüberstreuen. Bei 180 °C 30 Minuten überbacken.

Ü

BERALL IN SIZILIEN blicken sie von den Balkonen herab, die bunten Gesichter mit den ernsten Blicken, aus deren Keramikköpfen üppige Kräuter wachsen. Der Sage nach begann die Tradition mit dem freizügigen Liebesleben und grausamen Schicksal eines jungen Mannes.

Die Legende beginnt im 12. Jahrhundert, an einem sonnigen Tag in Palermos arabischem Viertel Kalsa. Eine schöne junge Frau gießt ihre Blumen auf dem Balkon, als ein junger Nordafrikaner unter ihr vorbeispaziert. Liebe blüht auf und die beiden beginnen eine leidenschaftliche Beziehung – bis zu dem Tag, an dem die Frau entdeckt, dass der Mann bereits Frau und Kind hat, die auf der anderen Seite des Meeres auf ihn warten. Sie wird von einer ungehemmten Eifersucht ergriffen und beschließt, ihm eines Nachts im Schlaf den Kopf abzuhacken, damit sie ihn für immer behalten kann. Seinen Kopf stellt sie auf ihren Balkon und lässt ihre schöne Basilikumpflanze darin wachsen.

Fußgänger, die vorbeigehen, beneiden sie um ihre üppige Pflanze. Jemand beginnt, Keramiktöpfe in Form von Köpfen herzustellen und zu verkaufen, in der Hoffnung, dass auch andere Balkonpflanzen ebenso schön wachsen. Heute sieht man die Pflanztöpfe in vielen Versionen in ganz Sizilien, aber ursprünglich gab es nur zwei davon: einen jungen dunkelhäutigen Mann und eine schöne Sizilianerin.

LASAGNE VERDI CON ASPARAGI, CARCIOFI E BESCIAMELLA

Gemüselasagne mit Spargel, Artischocken und Béchamelsauce

4–6 Portionen

LASAGNETEIG
100 g frischer Spinat
400 g Mehl
4 Eier
1 EL Olivenöl
Salz nach Geschmack
außerdem: Nudelmaschine

2 Bund grüner Spargel
2 Artischocken
Béchamelsauce (S. 40)
½ Bund Frühlingszwiebeln (2–3 Stück)
150 g Schafskäse
Schale von 1 Zitrone
150 g Parmesan oder mehr
Butter für die Form
Olivenöl

1. Den Spinat in Wasser mit einer Prise Salz mit geschlossenem Deckel einige Minuten lang kochen. Das Wasser gut ausdrücken und den Spinat in Stückchen schneiden.

2. Das Mehl auf der Arbeitsfläche häufen. Die Eier, 1 Prise Salz, Olivenöl und Spinat zufügen. Mit den Händen gut durchkneten, bis ein homogener, elastischer Teig entstanden ist. Mit einem Geschirrtuch abdecken und 15 Minuten ruhen lassen. Danach mit der Nudelmaschine zwei lange, nicht zu dünne Teigplatten herstellen. In gleich große Quadrate teilen und ganz kurz in kochendes Wasser legen. Abtropfen lassen und auf ein Geschirrtuch legen.

3. Die verholzten Teile des Spargels abschneiden und die Spitzen zur Seite legen. Die Stangen halbieren. Die Artischocken waschen und putzen; ein Stück des Strunkes entfernen und den Rest schälen. Die oberen Spitzen abschneiden, die Blätter entfernen, bis die Blattbasis weiß wird, das Heu (falls vorhanden) entfernen. Den Rest der Länge nach in dünne Scheiben schneiden. Artischockenscheiben und Spargelstangen bei geringer Wärme für einige Minuten sieden.

4. Die Béchamelsauce vorbereiten.

5. Die Frühlingszwiebeln in sehr dünne Scheiben schneiden und in einem zweiten Topf mit Öl glasig dünsten. Den Schafskäse in Stückchen schneiden und mit Zitronenschale und Spargelspitzen dazugeben. Die Mischung unter die Béchamelsauce rühren.

6. Einige EL Béchamelsauce in eine gebutterte Auflaufform geben. Eine Lage Lasagneplatten darauflegen, eine Lage Artischockenscheiben und Spargelstangen, eine Lage Béchamelsauce und Parmesan zum Schluss. Wiederholen, bis die Zutaten aufgebraucht sind. Bei 180 °C ca. 30 Minuten überbacken.

REZEPTE NACH KATEGORIE

Gnocchi

Risotto & Reis

Pizza

Süßes

Liebe:r Leser:in,

wir freuen uns, dass wir mit diesem Buch Teil deiner kulinarischen Reise sein dürfen. Noch mehr Inspiration, köstliche Anregungen und kreative Erlebnisse findest du auf unserer Verlagsseite www.stiebner.com.

Kontaktiere uns!

Wir sind offen für Anregungen, Wünsche und Kritik – schreib uns gern unter verlag@stiebner.com. Und da geteilte Freude bekanntlich doppelte Freude ist: Zeig uns deine kulinarischen Kreationen auf Social Media! Markiere uns mit @stiebnerverlag oder nutze die folgenden Hashtags: #StiebnerVerlag #StiebnerGenuss #SizilienVegetarisch

Erstmals erschienen unter dem Titel »Vegetariana Siciliana« bei Bokförlaget Arena, Schweden

Text und Rezepte: Francesca Maugeri Holmström
Fotografie: David Back und Karin Oddner
Übersetzung aus dem Schwedischen: Elena Teuffer
Covergestaltung: Danai Afrati
Layout: Kristin Lidström, Danai Afrati
Projektleitung und Lektorat: Dr. Verena Stindl
Gedruckt bei BALTO print, Litauen

ISBN 978-3-8307-1069-1

Bibliografische Information der Deutschen Nationalbibliothek:
Die Deutsche Nationalbibliothek verzeichnet diese Publikation in der Deutschen Nationalbibliografie; detaillierte bibliografische Daten sind im Internet über http://dnb.dnb.de abrufbar.

www.stiebner.com